T0194373

Die Zukunft wird massive Veränderungen im Arbeits- und Privatleben mit sich bringen. Tendenzen gehen sogar dahin, dass die klassische Teilung zwischen Arbeitszeit und Freizeit nicht mehr gelingen wird. Eine neue Zeit – die sogenannte „Lebenszeit" – beginnt. Laut Bundesregierung werden in den nächsten Jahren viele Berufe einen tiefgreifenden Wandel erleben und in ihrer derzeitigen Form nicht mehr existieren. Im Gegenzug wird es neue Berufe geben, von denen wir heute noch nicht wissen, wie diese aussehen oder welche Tätigkeiten diese beinhalten werden. Betriebsökonomen schildern mögliche Szenarien, dass eine stetig steigende Anzahl an Arbeitsplätzen durch Digitalisierung und Robotisierung gefährdet sind. Die Reihe „Fit for future" beschäftigt sich eingehend mit dieser Thematik und bringt zum Ausdruck, wie wichtig es ist, sich diesen neuen Rahmenbedingungen am Markt anzupassen, flexibel zu sein, seine Kompetenzen zu stärken und „Fit for future" zu werden. Der Initiator der Buchreihe Peter Buchenau lädt hierzu namhafte Experten ein, ihren Erfahrungsschatz auf Papier zu bringen und zu schildern, welche Kompetenzen es brauchen wird, um auch künftig erfolgreich am Markt zu agieren. Ein Buch von der Praxis für die Praxis, von Profis für Profis. Leser und Leserinnen erhalten „einen Blick in die Zukunft" und die Möglichkeit, ihre berufliche Entwicklung rechtzeitig mitzugestalten.

Weitere Bände in der Reihe http://www.springer.com/series/16161

Charlotte Anabelle De Brabandt

Verhandeln für Jedermann

Springer Gabler

Charlotte Anabelle De Brabandt
Bielefeld, Deutschland

Fit for Future
ISBN 978-3-658-27238-8   ISBN 978-3-658-27239-5   (eBook)
https://doi.org/10.1007/978-3-658-27239-5

Die Deutsche Nationalbibliothek verzeichnet diese Publikation in der Deutschen Nationalbibliografie; detaillierte bibliografische Daten sind im Internet über http://dnb.d-nb.de abrufbar.

Springer Gabler
© Springer Fachmedien Wiesbaden GmbH, ein Teil von Springer Nature 2020

Springer Gabler ist ein Imprint der eingetragenen Gesellschaft Springer Fachmedien Wiesbaden GmbH und ist ein Teil von Springer Nature.
Die Anschrift der Gesellschaft ist: Abraham-Lincoln-Str. 46, 65189 Wiesbaden, Germany

Vorwort

„Darf's ein bisschen mehr sein?"

Liebe Leserinnen und liebe Leser,
mit Sicherheit haben Sie diese Frage schon an irgend-
einer Wurst- und Fleischtheke von einer freundlichen
Fleischereifachverkäuferin gehört. Was haben Sie in der
Regel geantwortet? Meist mit einem „klar", „ja gerne"
oder „kein Problem". Im übertragenen Sinne habe Sie sich
aber damit auf eine Verhandlung eingelassen und kampf-
los mehr eingekauft, als Sie eigentlich wollten. Die Super-
märkte freuen sich darüber und verzeichnen durch dieses
kampflose Zustimmen ihrer Kunden Mehrumsätze im
dreistelligen Millionen-Euro-Bereich pro Jahr. Sie sehen,
so einfach kann man mit Verhandeln Geld verdienen.
Das Problem dabei ist, wir trauen uns oft nicht. Noch zu
sehr ist in vielen Köpfen „Verhandeln" negativ verankert.
Wer verhandelt, hat zuvor den Preis zu hoch angesetzt,
ist umgangssprachlich ein Halsabschneider, führt was im

Schilde oder ist egoistisch und denkt nur an den eigenen Mehrwert. Aber ist das im Prinzip so schlecht, für sich einen Vorteil zu erwirtschaften?

Schauen Sie in andere Länder. In allen arabischen Ländern gehört „Verhandeln" zur Lebensaufgabe. Verhandeln ist eine Art von Kultur. Verhandeln Sie nicht, werden Sie in diesen Ländern als schwach und inkompetent angesehen. Wollen Sie das? Ich zum Beispiel liebe es, irgendwo auf einem Bazar stundenlang mit einem Apfeltee um irgendeine Ware zu handeln. Verhandeln ist nicht schlimm, tut auch nicht weh und bringt so viele Vorteile. Wussten Sie eigentlich, dass jeder Mensch mehrmals am Tag mit sich selbst verhandelt? Es beginnt schon nach dem Wachwerden. Die erste Verhandlung mit sich selbst lautet: „Stehe ich auf oder bleibe ich liegen?" Und auch bei dieser Frage gibt es immer einen Gewinner, nämlich Sie.

Was wäre passiert, wenn Sie der Fleschereifachverkäuferin mit einem schlichten „Nein" geantwortet hätten oder eine Gegenfrage in Form von „Gerne nehme ich mehr, aber der ursprüngliche Preis bleibt bestehen?" gestellt hätten? Mit einem „Nein" hätte die Verkäuferin wahrscheinlich noch umgehen können, aber auf die Gegenfrage hin, da hätte sie vermutlich ihren Vorgesetzten kontaktiert. Wer verhandelt, ist im Vorteil oder wie sagte schon ein weiser Verhandlungstrainer: „Etwas geht immer!"

Das Wörtchen „Nein" ist das mächtigste Verhandlungsinstrument überhaupt. Leider trauen sich die meisten Menschen zu selten „Nein" zu sagen. Man hat Angst, dann nicht mehr gemocht zu werden und in eine negative Schublade gesteckt zu werden. Doch für ein „Nein" bedarf es Mut und diesen Mut braucht man neben den klassischen Verhandlungstechniken, um erfolgreiche Geschäfte abzuschließen. Wer mehr zum Thema „Nein sagen" lernen möchte, kann gerne in mein Buch „Nein gewinnt," ebenfalls erschienen im Springer Verlag, reinschauen.

Bei diesem Ihnen nun vorliegenden Buch „Verhandeln für Jedermann" geht es darum, Ihnen, verehrte Leserinnen und Leser, aufzuzeigen, dass verhandeln ohne große Anstrengungen möglich ist und dass Sie für sich den einen oder anderen Mehrwert erreichen können. Etwas geht immer. Egal ob auf dem Flohmarkt, egal ob in irgendeinem Fachgeschäft, egal ob beim Autokauf oder -verkauf, egal ob im Job oder im privaten Umfeld. Das Einzige, was Sie neben einfachen Verhandlungstechniken mitbringen müssen, ist etwas Mut. Denn das Schlimmste, was passieren kann, wenn Sie nicht verhandeln, ist, dass sich nichts verändert. Alles bleibt gleich. Ware, Umsatz und Gewinn. Sie sehen also, Sie können gar nicht verlieren. Wer verhandelt, ist immer im Vorteil. Schaut man zudem auf die Metastudie der IFIDZ, dem Institut für Führung im digitalen Zeitalter, so gehört Verhandeln, neben einer ausgeprägten Sozial- und Motivationskompetenz zu den zwingenden Erfolgsfaktoren zukünftiger Führung (IFIDZ 2019)[1].

Der Autorin Frau de Brabandt ist es in diesem Buch gelungen, einfache und überschaubare, leicht anwendbare Verhandlungstechniken zu beschreiben. Sie zeigt an praxiserprobten Beispielen, wo es Verhandlungsmöglichkeiten gibt, wie Sie einfache Verhandlungstechniken anwenden und somit einen direkten Mehrwert für sich erreichen können. Frau de Brabandt greift dabei auf ihre private Lebenserfahrung sowie ihre langjährige berufliche Expertise als Einkäuferin in namhaften Unternehmen zurück. Frau de Brabandt ist selbst eine exzellente Verhandlerin. Nutzen Sie diese Erfahrungen für Ihren Vorteil.

---

[1]IFIDZ (2019). Metastudie 2019: Führungskompetenzen im digitalen Zeitalter. https://ifidz.de/digital-leadership-beratung/#metastudie Zugegriffen am 9. Juni 2019.

Ich wünsche Frau de Brabandt viel Erfolg bei diesem Buch und Ihnen, verehrte Leserinnen und Leser, viel Spaß beim Lesen und vor allem viele Verhandlungserfolge.

Peter Buchenau

Danksagung

Für meine Familie, Dr. Frederick, Dr. Claudia und Laurent de Brabandt, die mir das Lebensmotto vermittelt haben: Chancen erkennen, Herausforderungen annehmen, Ziele erreichen. CAVU!

Charlotte Anabelle De Brabandt

Inhaltsverzeichnis

Über die Autorin

Charlotte Anabelle De Brabandt ist Moderatorin und Expertin im Bereich Technologie und Verhandlung. Sie bringt globale Industrieerfahrung in den Bereichen Automobil, Uhren, IT/ Software sowie Pharma und Konsumgüter mit. Bekannt wurde sie durch zahlreiche Moderationen. Sie unterstützt Unternehmen im Bereich digitale Technologien, Automatisierung und künstliche Intelligenz. Des Weiteren hat sie vor kurzem einen globalen Supply-Chain-Preis „30 under 30 ISM 2018" in Nashville als Megawattwinner für ihre Tätigkeiten im Bereich Einkauf gewonnen.

1

Jede Verhandlung ist wie eine Beziehung

1.1 Digitaler Klebstoff im Miteinander

Jeder von uns kennt die Situation: Sie sitzen mit einem Kunden am Konferenztisch, bei einem wunderbaren Abendessen oder sind im Skype-Meeting, um etwas zu verhandeln oder einen Vertrag zu besprechen bzw. abzuschließen. Sie kennen sich schon länger, somit wird das Gespräch einfacher. Sie wissen, welche kommunikativen Knöpfe Sie drücken müssen, um zügig an das Ziel zu kommen. Doch Stopp! Spulen wir noch einmal kurz zurück. Wird es das in Zukunft in der Form so noch geben oder erledigen computergestützte Programme, Bots, diese Aufgabe, indem sie unter anderem den Inhalt, die Rahmenbedingungen, Kosten, Lieferzeiten automatisch prüfen, abwickeln und z. B. einem Vertrag zustimmen? Haben wir überhaupt noch die Chance, in direkten Kontakt mit unserem Gegenüber zu kommen? Richtig zu verhandeln? Digitale Hürden tun sich ebenso auf wie

© Springer Fachmedien Wiesbaden GmbH, ein Teil von Springer Nature 2020
C. A. De Brabandt, *Verhandeln für Jedermann,* Fit for Future, https://doi.org/10.1007/978-3-658-27239-5_1

zentralisierte Einkaufsabteilungen, zu denen man keinen persönlichen „Draht" mehr hat. Direkte Ansprechpartner auszumachen wird zur Sisyphusarbeit. Allgemein gehaltene E-Mails erschweren die direkte Kontaktaufnahme. Allein diese Punkte zeigen auf, wie wichtig auch weiterhin gut gepflegte Kontakte sind. Durch Sie kann ich schnell an relevante Informationen kommen, um mich im Vorfeld auf Verhandlungen gut vorzubereiten. Die Zukunft sieht so aus, dass man generell den größten Kostenblock in einem Unternehmen reduzieren möchte: Personal. Was scheint naheliegender, als auf digitalisierte Prozesse und Mitarbeiter zu setzen. Große Unternehmen arbeiten bereits heute digital nach dem Bieterverfahren. Jeder Anbieter kann beispielsweise sein Angebot in das digitale System einstellen, die Angaben werden verglichen und der Günstigste mit dem besten Preis-Leistungs-Verhältnis, der besten Qualität, hoher Liefergeschwindigkeit gewinnt. Was machen digitale, zentralisierte Arbeitsabläufe mit unserer Kundenbeziehung, dem CRM (intern und extern)? Wie verhandeln und kommunizieren wir? Durch die Digitalisierung und generierten Workflows ist alles auf den Kopf gestellt, die Rahmenbedingungen des Verhandelns, des Anbietens, des Verkaufens und der Umgang mit dem (digitalen) Kunden ergeben ein völlig neues Bild, fordern von uns neu entwickelte Kernkompetenzen. Dazu kommen weitere Fragen aus Unternehmenssicht. Wie will der Kunde (intern und extern) der Zukunft betreut und beraten werden? Wie sieht die Kommunikation aus? Welche Beratungs-/Verkaufsprozesse legen Sie für die Zukunft fest, in welchem Umfang? Was kostet es das Unternehmen? Wie viel Kosten entstehen für den

Innen-/Außendienst? Über das Optimierungspotenzial ist auch nachzudenken (Prozesse, Kosten, CRM). Wie hoch sind Investitions-/Implementierungskosten? Wie sieht das digitale Geschäftsmodell aus und können die Produkte, Dienstleistungen generell digital beworben, verkauft werden? Welche Prozesse sind dafür notwendig? Und welche Art von Mitarbeiter benötigen Sie für gute Verhandlungen? Sicherlich raucht Ihnen bei den vielen Fragen schon der Kopf, wie viele sind jedoch für Sie, Ihr Unternehmen existenziell? Hierzu gibt es ein wunderbares Zitat von Dr. Dr. Cay von Fournier: „Es ist keine Frage, ob Sie sich verändern müssen; die einzige Frage ist, ob Sie schnell genug sein werden."

1.1.1 Komplexität und Dynamik

Zwei entscheidende Faktoren wirken auf uns als Verhandlungspartner, ein: die Komplexität und die Dynamik. Komplexität, damit ist gemeint, dass sich die Umwelt von Unternehmen stetig verändert und dass Märkte, in denen die Unternehmen auftreten, digitalen, enorm flexiblen Veränderungsprozessen unterworfen sind. Statt dem Einsatz traditioneller Methoden und herkömmlichen Verkäufer-Käufer-Verhaltens, oder auch Bieter/Anbieter, sind wir mit einem massiven, digitalisierten und automatisierten Wandel konfrontiert, welcher die Anforderungen an uns, die Verhandlungspartner, enorm steigen lässt. Somit können wir mit bisherigem Verhalten und standardisierten Verhandlungsstrategien keine neuen Kunden, Märkte, Vertragsunterzeichnungen gewinnen.

Die sich wandelnden Märkte, die digitale Umgebung fordern uns als Verhandlungspartner heraus. Derjenige, der über relevante Informationen verfügt, z. B. wie sich Märkte entwickeln, was die Kundenwünsche sind, ist klar im Vorteil. Wissen um Trends, Innovationen und Wissen aus erster Hand, sei es im B2B- oder B2C-Bereich, sind klare Wettbewerbsvorteile. Eine große Herausforderung ist es, die digitalen Daten und informellen Informationen zu bündeln, für sich gewinnorientiert zu verarbeiten und daraus einen Wettbewerbsvorteil zu generieren. Somit wird Wissen und rasche Umsetzung zur Vermarktung in den komplexen, dynamischen Märkten der wichtigste USP eines Unternehmens, umgesetzt in Produkte, Dienstleistungen, Beratung. Denn der Kunde will nicht nur ein Produkt, er will Wissen, er will Wertschöpfung, ein Kauferlebnis, schnelle Lieferung und Vorteile, die es ihm bietet. Durch den gestiegenen Informationsbedarf auf beiden Seiten, Kunde wie Unternehmen, verändert sich das Rollenbild des Verhandlungspartners und des Vertragsabschlusses maßgeblich. Es reicht nicht mehr aus, reine Produktinformationen oder -daten weiterzugeben. In unserer digitalisierten Welt möchte der Kunde eine fundierte, exquisite, empathische Beratungsleistung von

Ihnen haben. Dazu kommen der sichere Einsatz von und Umgang mit neuen Medien. Dies gehört zu den Basiskompetenzen, die den strategischen Aufbau und die Pflege der unabdingbaren Netzwerke ermöglichen. Der Mensch als Kunde, als Mitarbeiter, als Lieferant steht im Fokus.

Das erfordert neues Verhalten und die Umsetzung von innovativem Know-how, um zum digitalen Kunden durchzudringen. Sie werden vom reinen Produkt- und/oder Dienstleistungsverkäufer zum Beratungsspezialisten. Sie benötigen fachliches, psychologisches Wissen, denn die Kunden sind sehr gut und digital (vorab)informiert. Standardgespräche und z. B. das schnelle Unterschreiben eines Vertrages wird es immer weniger geben. Das individuelle Gespräch steht im Mittelpunkt. Sie werden als Vertragspartner zur Drehscheibe für den Informationsaustausch zwischen Kunde und Unternehmen. Dazu gehören wichtige Kernkompetenzen: Empathie, hohe Problemlösungskompetenz, individuelle Beratungsgespräche „von Mensch zu Mensch, auf Augenhöhe" und eine große Portion Mut. Mut, authentisch-fachlich mit Klarheit effizient zu kommunizieren.

1.2 Persönlichkeit und Kommunikation

Die Fähigkeit, individuell und auf den Kunden, sei es intern oder extern, bezogen zu kommunizieren, ist somit eine wichtige Kernkompetenz. Das setzt Empathie, ein Gefühl für Gesprächssituationen, voraus. Dazu kommt die emotionale Intelligenz, die Sie benötigen, um ein Gespür für den Gesprächspartner, auch für sich selbst, zu entwickeln, um das Gespräch für beide Seiten gewinnbringend zu führen. Der Fokus liegt auf der kommunikativen Kompetenz, sie ist ein wesentlicher Baustein für Ihren Erfolg, beim Kunden genauso wie im Unternehmen selbst. Durch die Digitalisierung, die sich verändernden Kommunikationskanäle und -ebenen, sich stark verändernden Märkte steigen die Anforderung an Unternehmen, an Sie selbst. Enorme Kräfte wirken auf Sie als Arbeitgeber, Arbeitnehmer, Kunde, Lieferant, Dienstleister, Berater ein. Schnelligkeit, Effektivität, Effizienz, Verbindlichkeit sind die Antwort. Eine sehr große „Herausforderung" – das Lieblingswort in allen Managementebenen. (Wer übrigens das Wort „Herausforderung" bei Suchmaschinen eingibt, erhält 50.600.000 Treffer.) Die größte Challenge sehe ich in der Verhandlung selbst. Denn das Gespräch sollte kein 08/15-Gespräch sein, sondern voller Emotion, Mut zum Erfolg und Leidenschaft. Wenn ich das, was ich verkaufe, anbiete, einbringe, mit natürlicher Haltung vermarkte, weil ich selbst für das Produkt, die Dienstleistung einstehe, kommt es beim Gegenüber an. Sobald ich ein Standardgespräch aufsetze, merkt das mein Gegenüber deutlich und wird mir die geschulten Argumente nicht abnehmen, geschweige denn mir überhaupt Zeit für das Gespräch schenken. Sensibilität und gute Recherche über den Verhandlungspartner, seine Vorlieben sind als Basis zwingend notwendig, denn nur so kann ich mit Empathie und gut vorbereitet ein Gespräch führen.

Es gilt die Zielgruppe, den Markt, das Angebot, den USP für unsere Partner hervorragend zu recherchieren, zu analysieren und die richtige, maßgeschneiderte Lösung anzubieten. Es geht darum, diese Welt, seine Welt, die des Gesprächspartners, des Kunden, im Auge zu behalten und den Blick für das Notwendige, Zukünftige zu öffnen und auch vor dem Gespräch zu definieren, was das Ziel ist, wer welche Verhandlungsrolle in den Gesprächen einnimmt, wo man mitgehen kann, was die Randbedingungen sind. Die Vorabinvestition lohnt sich für beide Seiten. Der

Gesprächspartner fühlt sich wahrgenommen und Sie generieren durch Ihr positives, authentisches Verhalten eventuell einen Vertragsabschluss – oder einen positiven Eindruck, der Basis für ein Folgegespräch ist.

Für die Zukunft spielt jedoch noch ein weiterer Verhandlungsfaktor eine enorm große Rolle. Das „umweltgerechte Handeln und nachhaltiges Wirtschaften" sind die „USPs", die für den Kauf eines Produktes oder einer Dienstleistung stehen. Wie ist es hier um Ihr Unternehmen, Produkt, Ihre Dienstleistung, eigene Einstellung bestellt? Bedingt durch die massiven Umweltbelastungen wird es in Zukunft mehr „Green Sales und Green Marketing" geben. Es ist wichtig, die Themen „Nachhaltigkeit" und „Umweltbewusstsein" auf dem Radar zu haben und sie erfolgsorientiert für das Unternehmen, in Verhandlungen einzusetzen. Denn durch den digitalen Vertrieb und digitales Marketing schont man die Umwelt, reduziert deutlich Kosten, ist umweltfreundlicher und auch effizienter. Das bedeutet auch, dass Verhandlungen vermehrt digital mit dem „Green"-Aspekt durchgeführt werden.

Ich persönlich liebe den Wandel, bevorzuge allerdings bei sehr wichtigen Meetings immer noch persönliche Treffen, denn ich kann mein Gegenüber durch Sprache, Mimik, Gestik, Verhalten, „im Ganzen" einschätzen und nicht nur über den Bildschirmausschnitt. Dafür werden uns bald Sprach- und Mimikauswertung unterstützen, um das Gegenüber zu bewerten bzw. das Verhalten auszuwerten. Die Zukunft ist digital, und es gilt sich darauf einzustellen.

1.3   Virtual Reality. Auf dem Holo-Deck der Verhandlungen

Kennen Sie Raumschiff Enterprise? Sicherlich. Wir können uns in die virtuelle Welt begeben, indem wir eine VR-Brille aufsetzen. Der 3D-Eindruck und die unmittelbare Reaktion auf Lageveränderungen des Betrachters, durch Körper- oder Kopfbewegungen, vermitteln dem User den Eindruck, sich in der anderen Welt zu befinden und ein Teil von ihr zu sein. In 2030 wird der Einsatz von VR völlig normal sein, sie wird täglich genutzt werden, um virtuelle Räume zu betreten, Meetings und Konferenzen abzuhalten, Verhandlungen durchzuführen, geschäftlich wie privat. Die Technologie ist zudem prädestiniert, Werbung zu ergänzen und den Kunden das Produkt virtuell erleben zu lassen. Ziel ist es, Empathie beim Konsumenten zu erzeugen, abseits von TV-Commercials oder Bildern in Prospekten. Die erzeugte Welt ist wirklichkeitsnah und vermittelt das Gefühl, vor Ort zu sein. Dies ist in der globalisierten Welt ein wichtiges Tool und bietet eine Alternative zu Präsenzmeetings. Zeit und Kosten reduzieren sich, die Umwelt wird geschont, die Effizienz erhöht. Die Teilnehmer können z. B. Produktentwicklungen von allen Seiten betrachten. Der Einsatz von VR reduziert

Präsenztermine von Verhandlungspartnern deutlich und lässt mehr Zeit für wichtige Tätigkeiten. Bereits heute ist das Unternehmen Audi Vorreiter, beispielsweise durch seinen virtuellen Showroom, den Audi seinen Händlern an die Hand gibt, damit potenzielle Käufer jede Ausstattungsoption (Farbe, Zusammenspiel, Ausstattung) mit weiteren Komponenten wählen können und ihnen das Wunschauto präsentiert werden kann. Es ist neu, es ist cool, es ist ein Kauferlebnis und bietet einen großen Mehrwert für den Käufer. Beratung ist erlebbarer, intensiv und man kann auf die individuellen Kundenwünsche verstärkt eingehen. Die technischen Neuerungen locken, reizen und sind somit Teil von Verhandlungen.

1.4 Verhandlungen und Needs im digitalen Zeitalter, eine Kunst für sich

Die Digitalisierung führt beispielsweise gerade in den Vertriebsabteilungen und somit auch in Verhandlungen zu enormen Veränderungen. Während im Zuge der Digitalisierung geschätzt 30 % weniger Mitarbeiter im Außendienst benötigt werden, gewinnt das Key-Account-Management deutlich an Bedeutung. In Zukunft spielen Schnelligkeit, Individualisierung, Effizienz und perfekte Beratung auf Augenhöhe eine wichtige Rolle (Kienbaum 2018). Dazu kommt das klassische Dreieck aus Kundensicht: Produkte und Leistungen, Personen, Prozesse. Weitere relevante Faktoren sind Qualität, Effektivität und das Verhandlungsklima. Denn sobald dem Kunden etwas nicht gefällt, geht er zur Konkurrenz. Egal, ob Sie sich im virtuellen Raum befinden oder sich gegenübersitzen. Das gilt für uns auch als Privatperson.

Die Basis ist das Miteinander, die Interaktion. Verschaffe ich dem Kunden ein emotionales Kauferlebnis, voller Leidenschaft, habe ich ihn schon fast gepackt. Setze ich das Miteinander in einen Vertrag um, dann ist es perfekt. Hoch lebe die Kundenbeziehung! Leider erlebe ich häufig, dass die Verhandlungspartner gut sind, doch die darauffolgenden Produkte oder Dienstleistungen nicht dem Anspruch genügen. Dann wird die Luft in unserer Kundenbeziehung und in zukünftigen Verhandlungen dünn. Was nützt es, euphorisch z. B. die Dienstleistung eines Customer Service anzupreisen, wenn bei Mitarbeitern „Customer Needs" zu wenig „inhaliert" werden. Die Stundensätze sind zwar günstig, doch die Leistung ist schlecht. Es gibt den von mir geliebten Satz: „Nicht das Unternehmen zahlt mein Gehalt, sondern der Kunde." Dieser Satz ist essenziell – für alle Mitarbeiter. Denn es ist völlig egal, ob ich einen internen Kunden oder externen Kunden bediene. Er ist und bleibt mein Kunde, der auch so behandelt werden möchte. Viele erleben den Kunden immer noch als „Störung", sobald sich dieser mit einem Wunsch einbringt oder etwas einfordert. An dieser falschen Einstellung darf aktiv gearbeitet werden, denn 08/15-Informationen oder 08/15-Produkte sind durch Automatisierungsprozesse schnell zu bekommen, dazu benötige ich keinen Mitarbeiter, keine großen Verhandlungen, sondern es reicht der Standard und hat den Vorteil, dass ich als Unternehmer Kosten reduziere. Darüber, liebe Leser, sollten Sie sich auch einmal Gedanken machen.

Dazu kommt bei Verhandlungen, wie im Key-Account-Management bereits üblich, dass man mit dem Kunden über langfristige Ziele und gemeinsame Umsetzungsmöglichkeiten, Projekte spricht, um weiterführende Aufträge für sich zu gewinnen. Sich in den Kunden hineinspüren, einzufühlen ist die Devise. Doch geht das so einfach? Eines der zukünftigen Szenarien ist, dass Sie mit dem Kunden zunächst nicht mehr persönlich in ein Gespräch kommen, sondern neutral ein Angebot absetzen und Bots im Vorfeld entscheiden, ob Sie überhaupt zu einem gemeinsamen Gespräch, sei es persönlich oder digital, eingeladen werden. Denn bereits heute ist der Handel per E-Commerce (elektronischer Handel mit materiellen Gütern), Plattformen (Verknüpfung von Marktakteuren), Subscription (Mitglieder- und Aboprinzip), Fremium (Basisprodukt gratis, Vollprodukt kostenpflichtig), Pay-per-Use (Bezahlung für Verbrauch) Standard und hat natürlich Einfluss auf Verhandlungen. Haben Sie sich aktiv damit befasst? Wie ist Ihr Konzept? Was zeichnet Sie im Vergleich zu Mitbewerbern aus, um im digitalen Zeitalter an Verhandlungspartner zu kommen? Warum sollte man sich mit Ihnen unterhalten, wenn man durch einen digitalen Benchmark und klare Eckdaten aus einem Pool den Besten ohne Gespräche generieren kann? Es ist wichtig, dass Sie die Geschäftsmodelle und daraus abzuleitenden Strategien stets im Blick behalten und für sich neue, kreative Lösungen finden, denn die Anforderungen der Kunden wandeln sich enorm. Letztlich handelt es sich hier um einen Paradigmenwechsel, denn stärker denn je werden Märkte durch die Nachfrage durch Kunden geprägt, allein durch die digitale Nutzung, Onlineverfügbarkeit, Automatisierung. Somit wandeln sich Vertragsverhandlungen, Jobs, die Art von Gesprächen und Meetings. Dazu kommt, dass Unternehmen neue Absatz- und Vertriebswege über das Internet nutzen, damit sie wettbewerbs- und zukunftsfähig bleiben. Fakten reichen, ausschweifende Verhandlungen kosten „nur" Zeit und Geld.

Das bedeutet, dass sich die Kompetenzprofile aller Mitarbeiter indirekt verändern, sei es im Management, Einkauf, HR, Customer Service oder Quality-Management usw. All diese sind Verhandlungspartner, allein durch die vorgegebenen Unternehmensziele. Jeder von Ihnen, ob intern oder extern, ist neben der definierten Funktion auch ein Key-Account-Manager und Consultant zugleich. Sie bedienen erfolgsorientiert Ihre internen/ externen Märkte und Kunden. Sie leiten Maßnahmen aus Gesprächen, Verhandlungen „lean" ab, mit Blick auf Income, Efficiency, Gewinn. Mitarbeiter werden zu kleinen Consultants für ihren eigenen Aufgabenbereich, um das Unternehmen durch Flexibilität, Fachkompetenz zu stärken und letztlich (nicht wie heute üblich) nach dem Erfolgsergebnis bewertet, bezahlt. Es zielt auf den Leistungsgedanken ab. „Egal, wie lange Sie dafür brauchen oder wo und wie Sie arbeiten. Das Ergebnis zählt, danach bezahlen wir Sie!"

1.5 „Key-Account-Management-Consulting" ist die Königsdisziplin in 2030

Sie fragen mich, wie ich jetzt auf diesen schönen Begriff komme … „Key-Account-Management-Consulting" – den Begriff gibt es doch gar nicht. Ja, stimmt. In unserer schön strukturieren Welt gibt es nur Key-Account-Management *oder* Consulting. „Was für ein Blödsinn!", sagen Sie. „Nein, finde ich nicht." Nimmt man die Grundeigenschaften, die Kenntnisse eines Key-Account-Managers (Kunde, Unternehmen, Organisation, Management) mit dem Consulting (Beratungsdienstleistung auf Unternehmensebene, Einsatz von fachlichem, sozialem, methodischem Wissen) zusammen, hat man den perfekten Mitarbeiter für Verhandlungen. Er ist nämlich in seiner Grundeigenschaft und seinem Wissen eine Koryphäe auf dem Gebiet der Verhandlungen. Er weiß, wie Unternehmen ticken, er ist durch seine wechselnden Einsätze in anderen Firmen sehr gut über Veränderungen im Markt, Innovation informiert. Er kennt die Schwachstellen, Stärken, Verhandlungspositionen und lernt durch seine Einsätze immer dazu. Es geht nicht darum, dass er Firmeninterna seiner Einsätze preisgibt, sondern um seinen „weiten Blick", seinen „Erfahrungsschatz", seine „Kommunikationsstärke". Diese Rolle steht besonders reiferen Mitarbeitern super. Denn es ist kein Abspulen von Lerninhalten aus dem Studium. Durch ihre Erfahrung und Menschenkenntnis, ihren Instinkt und ihr Fachwissen bringen sie das richtige Fundament für Verhandlungen mit.

Jetzt kommt sicherlich noch ein weiteres Argument von Ihnen dazu: „Vertrieb, Key Account, das ist doch sowieso alles dasselbe." Nein, ist es nicht. Lassen Sie es mich kurz erklären. Der Key-Account-Manager betreut wenige Kunden mit enger Kundenbindung, das heißt, er hat im besten Fall eine längere Geschäftsbeziehung, kennt das

Unternehmen des Kunden, die Abteilungen, die Abläufe sehr gut. Eine langfristige Kundenbindung steht im Fokus (Bottom-up-Geschäft). Beide, Sales wie Key Account, beraten ihre Kunden kompetent. Doch der Key-Account-Manager benötigt besonders gute, diplomatische Fähigkeiten, Stärke in der Verhandlung, Überzeugungskraft, Empathie und Fingerspitzengefühl für den Kunden. Der Erfolg des Kunden steht im Vordergrund. Dazu ist ein fundiertes Wissen über den Kunden, seine Bedürfnisse, Prozesse und Ziele notwendig (Consultative Selling). Dazu kommen unternehmerisches, analytisches und strukturiertes Denkvermögen sowie Vermittlung von Empathie durch emotionale, soziale Intelligenz. Er gibt dem Kunden das Gefühl der Individualität. Wer den Verhandlungspartner und seine Ansprüche nicht versteht, wird nichts verhandeln, nichts verkaufen.

Der Key Account spricht über langfristige Ziele, Wünsche des Kunden, betreut diese „nachhaltig". Hat psychosoziales Gespür. Durch eine offene Kommunikation bekommt er Informationen, die es für den Kunden ebenso zu nutzen gilt wie für das eigene Unternehmen, Produkt und die Dienstleistung. Man kann nur erfolgreich verhandeln und verkaufen, wenn man durch Empathie schnell in positiven Kontakt mit anderen Menschen kommt. Dazu gehört, durch „Verbindlichkeit" eine langfristige, dauerhafte Geschäftsbeziehung für gemeinsames Wirken herzustellen.

Wenn Sie als Consultant, der viel Erfahrung in Firmen sammelt, ihr Wissen mit dem Wissen eines Key Account verbinden, ihr ganzes Know-how einbringen, dann ist das eine geballte Ladung, die keiner stoppen kann. Consultants sehen viel Strategiepapiere, sind Detektive, die Schwachstellen aufdecken und zum Positiven verändern (sofern die Unternehmensspitze nickt). Methodisch führen Sie Mitarbeiter und somit auch Verhandlungspartner an Lösungen heran. Sozial bringen Sie sich ein, da sie einen „breiten Rücken" haben, denn Verhandlungsparteien sind manchmal auch einfach zu feige, relevante Themen in Verhandlungen anzusprechen. Sie wissen, wie Sie in solchen Situationen damit umgehen. Und bei fachlichem Wissen geht es darum, „Nichtwissen" in „Wissen" zu verwandeln.

Wenn man alle diese Faktoren zusammennimmt, von Key-Account-Managern und Consultants, diese als Verhandlungspartner erfolgsorientiert einsetzt, gibt es keine besseren Verhandlungspartner in Unternehmen und sie sind der Fixpunkt in der digitalen Welt. Denn ich kann mir gut vorstellen, dass in Zukunft z. B. der Einkauf völlig digitalisiert funktioniert und kein Lead mehr für die Abteilung benötigt wird.

1.6   Klare Kommunikation, Eigenmotivation, digitaler Jagdinstinkt

Eine klare Kommunikation, sei es in beruflicher wie privater Hinsicht, ist somit die Basis und die Tür zum Verhandlungspartner. Dazu gehört natürlich auch die entsprechende Denkweise, die nötige Einstellung. Um eine Verhandlung positiv zu gestalten, ist es wichtig, sich auf die Gesprächsebene des Kunden zu begeben. Auch wenn wir das Internet lieben, so bleibt die Rhetorik eine wichtige Fähigkeit, dazu das nötige Gespür des sich Einlassens auf den Kunden, die Kommunikation.

Wichtige Fragen sind unter anderem

1. Wie spreche ich mit dem (internen, externen) Kunden?
2. Welcher Sprachebene bedient er sich?
3. Übersetze ich meine Sprachtermini so, dass es auch ein Laie verstehen kann?
4. Bin ich selbst emotional auf der Ebene des Kunden, um seine Sichtweise und Probleme nachzuvollziehen?
5. Wie bringe ich ihn dazu, dass er zum Reden kommt, um festzustellen, was er genau benötigt? Was bewegt ihn? Wie tickt er als Kunde? Worauf legt er Wert?
6. Wie hole ich ihn emotional-wertschätzend als „Mensch, Person, Kunden, Unternehmer" ab?
7. Wie löse ich sein Problem?
8. Welche rhetorischen Fähigkeiten wende ich an, wenn ich einen knallharten Preisfeilscher vor mir habe, damit die Verhandlung nicht in der Sackgasse endet?
9. Wie stelle ich eine empathische Kundenbeziehung her?
10. Verfüge ich selbst über gute, kommunikative Eigenschaften und eine hohe Selbstreflexion, um positive Gespräche führen zu können?
11. Wie weit komme ich ihm entgegen und welche Lösung biete ich ihm an?

Ein weiterer, wichtiger Faktor in der Kommunikation ist der intelligente Umgang mit sich selbst und anderen. Denn Erfolg in der Kundenbeziehung bedeutet auch, dass man Situationen reflektiert, persönlich an sich weiterarbeitet und kein Standardkommunikator ist. Standard kann jeder. Standard kann automatisiert werden. Hier reicht die Kommunikation mit Bots völlig aus und bedarf keines Menschen. Bots haben keine Empathie. Bots machen das, was durch Programmierung vorgegeben ist. Der große Markt ist das persönliche, individuelle Gespräch, das in der digitalen Ära persönlichen Luxus für den Kunden bietet . Es ist gefühlte Wertschätzung für den Kunden. Er wird nicht mit einer Maschine abgespeist, nein, er bekommt umfassende, persönliche Beratung in

Verbindung mit einer sehr guten, digitalen Produkt-/ Dienstleistungspräsentation. Für solche Gespräche benötigen Sie eine zielorientierte, empathische Kunden-ansprache, eine hohe Stresstoleranz, die Kunst des positiven Denkens, eine enorm hohe Eigenmotivation und eine rhetorisch authentisch-ehrliche Kommunikation. Durch den digitalen Druck der Automatisierung liegt die „Verhandlungslatte" mit abschließendem Vertragsabschluss sehr hoch. Ich habe gerade zwei Sprüche im Ohr, die häufig von Sachbearbeitern aus dem Customer Service kommen: „Ich laufe der Arbeit nicht hinterher" und ein alter Spruch des Vertriebes „Wer viel läuft, der verkäuft". In Zukunft geht es weniger um „laufen", sondern um „Personal Selling". Dazu eine gute Kundenanalyse (Customer Needs), um das passende Produkt zu verkaufen. Wecken Sie Ihre Leidenschaft und Ihren digitalen Jagdinstinkt! Doch Achtung! Eines gebe ich Ihnen mit auf den Weg: Verlassen Sie sich nie ever auf die (scheinbar feste) Stabilität Ihrer Kundenbeziehung!

Stammkundenbeziehungen sind nicht mehr selbstverständlich, bedingt durch den enorm flexiblen Markt mit seinen digitalen Möglichkeiten. Das ist gefährlich, selbst bei guter, emotionaler Kundenkommunikation. Verliert z. B. ein Geschäftsfreund seine Funktion oder verlässt das Unternehmen, brechen Umsätze weg und im schlimmsten Fall Ihre Geschäftsbeziehung. Es sei denn, Sie sind so stark mit Ihren Produkten spezialisiert, Ihre Verhandlungen und Kundengespräche sind so exquisit, dass Sie eine Monopolstellung haben. Es ist unabdingbar, Ihr Unternehmen durch gute, digitale und menschliche Kommunikation im Innen und Außen zu vermarkten. Dazu gehört, alle Mitarbeiter Ihres Unternehmens zu schulen und einen Kodex zu entwickeln, damit der Kunde sich bei Ihnen perfekt betreut fühlt. Das bedeutet, über wirtschaftliche, politische Zusammenhänge, technische Entwicklungen und Trends, Kunden, Wettbewerber bestens informiert zu sein, Informationen zügig auszuwerten und aufzuarbeiten als Basis für perfektes, emotionales Kundenbeziehungsmanagement, als Basis für gute Verhandlungen, sei es unternehmerisch oder auch privat.

1.7 Kundenverhandlungen sind der Motor für Erfolg und Wachstum (emotional, digital, unternehmerisch)

In erster Linie geht es darum, dass man sich die Interessen und die Kriterien des Kunden bewusst macht. Je besser ich sie kenne, desto besser kann ich kommunizieren, verhandeln. Damit ich allerdings weiß, wie ich kommuniziere, verhandle, muss ich wissen, welches Kommunikationsmodell mein Kunde bedient. Ist er sachbezogen, dominant, emotional oder mitgehend? Welches Modell wenden Sie selbst, durch Ihre eigene Kommunikation, an, um die Verhandlungen ins Laufen zu bringen? Reagieren Sie geschult oder fachlich-empathisch? Denn das spürt der Kunde sehr genau. Daher ist es immer ganz gut, wenn man sein Gegenüber grob in ein Schema einordnen kann.

Der analytische, sachbezogen Kunde will Informationen und gründlich informiert werden. Es geht um Beschaffenheit, Qualität, Details, Funktionalität. Er möchte von Ihnen Informationen hören, als Experte auf Ihrem Gebiet sollen Sie ihm sagen, was fachlich zum Thema gehört. Entweder Sie überzeugen ihn sachlich – oder überhaupt nicht. Entscheidungen trifft er weder im ersten noch im zweiten Gespräch, verlangt allerdings perfektes Informationsmaterial. Er möchte vor einer Entscheidung alles genau wissen und fordert die Garantie bei Ihnen ein, dass seine getroffene Entscheidung richtig ist. Er ist ein trocken-analytischer Gesprächspartner mit „Poker Face", er ist menschlich-emotional distanziert. Im Verhandeln um Preise und Rabatte zeigt er sich zäh, kennt alle negativen Seiten Ihres Angebots, berichtet Ihnen von den positiven Aspekten der Mitbewerber und verlangt durch die Gegenüberstellung einen Nachlass.

> **Tipp**
>
> Bleiben Sie sachlich und beim Thema. Bitte kein Small Talk, denn er wirkt auf diese Art von Kunden aufdringlich und wird als Teil Ihrer Verhandlungstaktik wahrgenommen. In dieser Rolle nimmt Sie der Kunde kritisch wahr und erkennt, dass Sie ihm, gegen seinen Willen, etwas „aufs Auge drücken" wollen. Es ist wichtig, auf sachliche, faktenbasierte Argumente zu setzen. Er entscheidet selbst für sich, ob die Leistung oder das Produkt für ihn wichtig ist. Dieser Kunde nimmt sich Raum und Zeit zum Nachdenken.

Er mag keine Ungeduld oder Aufbau von Druck. Unterlassen Sie es in den Pausen, die hier vorkommen, zu sprechen. Geben Sie ihm den nötigen Raum zu Nachdenken, Reflektieren. Wenn Sie mit Ehrgeiz Ihre Ziele erreichen möchten, können Sie nur verlieren. Achten Sie auf ein persönliches Zeitlimit und beantworten Sie alle Fragen sachlich. Übersteigt die Zeit Ihren Rahmen, so lassen Sie ihm wichtige Informationen, Prospekte vor Ort da, damit er sich alles noch einmal in Ruhe überlegen kann. Diese Art Kunde möchte nicht persönlich gepflegt und umgarnt werden. Durch Ihr authentisches Verhalten und den gezeigten Respekt schenken Sie dem Kunden den nötigen Raum, sich zu entscheiden. Sie nehmen ihm dadurch seine Bedenken und erhalten die Chance, dass Sie die Verhandlung für sich entscheiden.

Der dominante, sachbezogene Kunde will ein schnelles Ergebnis erzielen, er weiß was er will. Details nerven ihn, es geht darum, dass Sie ohne Umschweife auf den Punkt kommen, nach dem Motto: „Sie haben zu tun, was ich möchte!" Dieser Kunde ist forsch, selbstbewusst, laut. Direkter Blickkontakt, fester Händedruck, lebhafte, fordernde Sprache und Gestik zeichnen ihn aus. Keine langen Debatten, Erklärungen. Er steuert das Gespräch und versucht Sie zum Spielball zu machen. Egal welche Verhandlungsstrategie Sie anwenden, Sie sollten mitgehen, sich leiten lassen. Da er selbst hart im Verhandeln ist, ist es wichtig, dass auch Sie mit Fakten überzeugen. Der Vorteil ist, dass er, wenn er überzeugt ist, schnell eine Entscheidung fällt. Sobald er die für ihn benötigten letzten Fakten hat, kommt er schnell zu einem „Ja" oder „Nein". Kennen Sie sich bereits länger, stellen Sie fest, dass dieser Kunde immer seltener Verhandlungsgespräche braucht. Er ist risikobereit und schießt aus der Hüfte, trifft auch Entscheidungen über größere Investitionen völlig spontan. In solchen Fällen wird er Ihnen ein paar Fragen stellen und darauf ebenso klare, zielsichere Antworten haben wollen. Doch so schnell, wie Sie ihn vielleicht als „Kunden" gewonnen haben, so schnell kann er auch wieder weg sein. Wenn etwas Besseres kommt oder er sich nicht respektvoll behandelt fühlt, ist er schnell weg.

Tipp

Dieser Kunde möchte, dass Sie in Ihren Verhandlungen auf den Punkt kommen. Dieser Kunde „hasst" sensibel-weiche Gesprächspartner. Er möchte klare Antworten auf die Fragen, die direkt und ohne Umschweife gestellt werden. Er möchte kurz und knapp Fakten, nicht Ihr ganzes Wissen. Er wird dadurch genervt. Auf der anderen Seite zeigt er deutlich, dass er der „Boss" im Ring ist. Hier gilt es, ruhig und sachlich zu bleiben, sich nicht provozieren zu lassen. Er scheut auch nicht vor Beleidigungen zurück oder wird Ihr Produkt infrage stellen. Er zeigt, wo der Hammer hängt, und liebt diese Machtspielchen. Er stellt Sie, Ihr Können damit auf die Probe. Wenn Sie diese Phase durchlaufen haben, kommt es häufig zu einem schnellen Entschluss und er sagt auch deutlich, was er haben möchte oder nicht. Bei Reklamationen dreht er emotional stark auf; wenn Sie jedoch eine gute Lösung, einen guten Service bieten, verraucht der Ärger so schnell, wie er gekommen ist. Wenn Sie diese emotionalen Phasen gut durchlaufen, bleibt Ihnen dieser Kunde meistens treu. Es fordert jedoch auch Kraft, Ihren „emotionalen Tiger im Tank" zu lassen, was Ihnen viel Geduld abringen kann. Wenn sie sachlich bleiben, schnelle und gute Lösungen finden, vertraut der Dominante, Sachbezogene auf Ihre Fairness. Dies sollten Sie nicht verspielen, denn aus der hart erarbeiteten Geschäftsbeziehung kann dann schnell der Kunde zum Feind mutieren und er wird keine Gelegenheit scheuen, Rache zu üben.

Der emotionale, ichbezogene Kunde baut auf Vertrauen und schätzt den persönlichen Draht. Seine Basis ist die Sympathie. Er schätzt genau „Sie" als Ansprechpartner und möchte keinen Ihrer Kollegen.

Es kann passieren, dass sich das Vertrauensverhältnis stark weiterentwickelt und vom beruflichen Bereich auch in den privaten Bereich übergeht. Ein freundschaftliches Verhältnis entsteht. Er lässt sich auch gern einmal auf persönliche Gespräche ein und erwartet ganz klar von Ihnen, dass Sie sich ebenso für ihn interessieren. Er ist sehr gastfreundlich, er wird Sie bewirten, wenn Sie da sind, und dasselbe auch von Ihnen bei seinem Besuch vor Ort einfordern. Zeit für Entscheidungen sind ihm wichtig, ebenso die Gespräche. Sie können einer klaren, gut geplanten Gesprächsstrategie nach Lehrbuch (Aufwärmphase, Bedarfsermittlung, Produktvorstellung, höfliche Einwandbehandlung, Abschluss) folgen. Doch Achtung, dieser Kunde ist zeitintensiv, denn nach dem Termin muss kein Vertragsabschluss folgen. Er kann Sie in eine Kommunikationsfalle locken, die Ihre Zeit raubt. Dafür erfahren Sie das Neueste, Klatsch und Tratsch. Halten Sie sich mit Kommentaren zurück, denn er wird Ihre Aussagen beim nächsten Gesprächspartner zum Besten geben. Hat dieser Kunde jedoch bereits bei Ihnen gekauft, ist die Chance, dass er treu bleibt, sehr hoch. Wenn Sie emotional auf ihn eingehen, Sie ihm Ihre Zeit schenken, es immer persönlicher wird, dann wechselt er kaum mehr zur Konkurrenz, selbst wenn es dort günstiger sein sollte. Es ist ein dickes Band, das Sie durch Verbindlichkeit stärken. Solange Sie ihn nicht ärgern, bleibt er ein treuer Kunde.

Tipp

Der Nutzen, der dem Kunden durch den Kauf Ihres Produktes entsteht, ist der Mittelpunkt Ihres Gespräches. Gehen Sie konkret auf die Vorteile ein, die es ihm bringt. Für ihn ist es wichtig, dass er das Gefühl erhält, dass er einzigartig ist, er eine persönliche, auf ihn abgestimmte Beratung erhält. Für ihn ist Individualität das höchste Gut. „Klasse statt Masse" ist das Motto. Schmeicheln Sie ihm, indem Sie ihn bewundern, er fühlt sich damit sehr wohl. Er liebt es, sich vom Durchschnitt abzuheben, sich darzustellen. Verkaufen Sie ihm Ihr Produkt so, dass er für sich selbst einsieht, dass Ihr Produkt, Ihre Dienstleistungen etwas Exquisites für ihn sind.

Der emotionale, ichbezogene Kunde ist selbstverliebt Es dreht und kreist alles nur um ihn, die eigene Person, die eigenen Themen. Diese Person hat keinerlei Interesse an Geschichten. Sie sind der persönliche Verhandlungspartner. Zeigen Sie sich von ihm beeindruckt, stellen Sie ihn in den Mittelpunkt, dann haben Sie die Chance auf eine gute Kommunikation. Er wirkt wie ein Wirbelwind und ist sehr schnell in der Kommunikation. Er sprudelt drauflos und überfällt Sie auch manchmal mit Themen, die ihn gerade beschäftigen. Erst nach dem Redeschwall geht er auf Sie ein. Er liebt es zu prahlen, sich auch optisch abzuheben. Etwa ein Bankmanager, der extrem auffällige Krawatten, Socken oder Einstecktücher trägt. Wichtig ist die Show! Dieser Kunde führt ein extravagantes Leben, mit hohem Glamour-Faktor im Außen. Dieser Kunde möchte charismatisch „verführt, beraten" werden. Während er gern auch in Ihr Privatleben abtaucht, hat er parallel nicht die Geduld, sich mehr als zwei Sätze von Ihnen anzuhören.

Diese vorgenannten Schemata helfen im ersten Ansatz, auf eine Kommunikations- und Verhandlungsebene zu kommen, sollten allerdings nicht zu einem pauschalen Schubladendenken führen! Durch die Digitalisierung und den agilen Anbieter-/Bietermarkt (intern wie extern) sind Sensibilität und Strategie gefordert. Achten Sie auf die Signale und Kommunikation des Kunden. Bei Verhandlungen ist somit immer wichtig, „wie" ich den Kunden anspreche, dass ich auf seiner Kommunikationsebene bin, ich sein Verhalten, seine Entscheidungen „nach-spüren" kann. Habe ich die nötigen analytische Fähig-keiten, sein Verhalten ehrlich einzuschätzen, und welche Ziele verfolgt er damit? Wenn Sie wissen, wen Sie vor sich haben, können Sie sich auf ihn und die Kommunikation einstellen, sei es im persönlichen Gespräch oder im digita-len Meeting Room. Überlegen Sie, in welchen Phasen der Kommunikation, der Verhandlung Sie Ihr Gespräch füh-ren möchten. Welche Ihrer Argumente überzeugen ihn?

Tipp

Planen Sie (Investitions-)Zeit ein. Die Auftau- und Auf-wärmphase ist hier höchste Pflicht! Zeigen Sie sich offen, der Kunde möchte etwas über Sie erfahren (Kinder, Hob-bys, Vorlieben) und diese Informationen bilden die Basis für das Miteinander. Es mag zwar alles locker und offen erscheinen, doch hinter dieser Art und Weise steckt „messerscharfer" Verstand. Dieser Kunde weiß sehr genau, wie er sich Vorteile verschafft, gerade bei Ihnen, wenn es um Preisnachlässe in Verhandlungen geht. Er wird Sonder-konditionen aus Ihnen herausziehen, die Sie zähne-knirschend vereinbaren. Doch nicht nur das schmerzt in diesen Verhandlungen, nein, dieser Kunde wird in seinem Umfeld über den Rabatt fröhlich berichten und zieht den Unmut der anderen Kunden auf Sie. Ihnen wird das zuerst völlig entgehen, bis Sie vielleicht eines Tages ein ehrliches Feedback erhalten. Dies ist jedoch sehr selten. Wichtig ist auch, dass Sie sich bei diesen Gesprächen Notizen machen, denn er wird darauf akribisch Bezug nehmen. Hören Sie ihm gut zu, merken Sie sich wichtige Daten wie etwa die Geburtstage seiner Kinder. Das schmeichelt ihm. Durch die intensive Kundenbeziehung können Sie einen treuen Kun-den gewinnen, der Ihnen wohlwollend die Tür für weitere Geschäfte öffnen kann. Er unterscheidet sich auch deutlich von den anderen Kunden im Verhalten bei Reklamationen, denn er mag keine Konflikte. Ihm ist wichtig zu wissen, ob alles seine Richtigkeit hat, und er ist im Innersten sehr erbost, was er nach außen nicht zeigt. Daher ist es wichtig, dass Sie die Reklamation mit allergrößter Aufmerksamkeit erledigen.

Worauf Sie noch achten sollten:

- Wenn Sie ein Gespräch mehr Zeit kostet, als dass es sich für Sie lohnt, sollten Sie die Verhandlungen respektvoll beenden.
- Bewerten Sie den Kunden, doch beurteilen Sie ihn nicht.
- Nehmen Sie den Kunden ganz als Person mit seinen Anliegen wahr.
- Beachten Sie dabei den roten Faden der Kommunikation und behalten Sie das Ziel vor Augen.
- Versuchen Sie Diskussionen mit dem Kunden zu vermeiden, auch wenn dieser im Unrecht ist.
- Bleiben Sie sachlich in Ihrer Argumentation.
- Der Anspruch auf Individualisierung von Produkten, Dienstleistungen ist enorm hoch. Arbeiten Sie an sich, Ihrer Verhandlungsstrategie, an Ihrem CRM, mit menschlich-emotional-empathischer Intelligenz für sich, den Kunden, das Unternehmen.
- Sehen Sie sich als Verhandler wie ein Key-Account-Manager, der sich für das Unternehmen interessiert, die Bedarfe erkennt und perfekte Lösungen anbietet.
- Digitalisierung verändert das CRM, die Customer Journey. Omnichannel-Strategien und moderne Datenmanagementsysteme entscheiden mehr denn je über den Erfolg von Kundenbeziehungen.
- Grundvoraussetzung einer gelungenen Multichannel-Strategie bleibt ein strukturiertes Datenmanagement. Konsequent digitalisierte CRM-Prozesse können die Customer Journey enorm bereichern: Kundenbedürfnisse werden messbar, Kaufhistorien und -präferenzen visuell greifbar, sodass Unternehmen auf den konkreten Bedarf jedes einzelnen Kunden reagieren können.

- Chat Bots bieten zwar Erstberatung, doch individuelle, problemorientierte Kundenlösungen bietet der Mensch durch Gespräche, Visualisierung, Verhandlungen, Kommunikation.
- Königsdisziplin einer gelungenen Customer Journey ist es, die gewonnenen Erkenntnisse so zu nutzen, dass der Kunde individuell und sachlich beraten wird. Wichtiger Faktor bleibt dabei die Datensicherheit. Vertrauen und Akzeptanz kann der Kunde nur aufbauen, wenn der Umgang mit seinen Daten transparent ist und er davon überzeugt ist.
- Die Datensicherung und Einhaltung der Datenschutzverordnung hat oberste Priorität für den Kunden und ist Basis für eine gelungene Geschäftsbeziehung.
- Basis für eine gelungene Kundenpflege ist ein einheitliches, sauberes Datenmanagement. KI-gestützte Systeme unterstützen dabei und bereichern die Customer Journey. Doch das Wichtigste ist immer noch der Mensch. Er ist Mittelpunkt aller Strategien, sei es als Kunde oder Verhandlungspartner.

1.8   Kundennutzen und -optionen

In unserer von Konsum überladenen Welt haben wir die Vielfalt an Produkten, Dienstleistungen. Mehr denn je. Dennoch ist man dazu geneigt, selbst wenn man über alles verfügt, „mehr zu wollen" oder sich durch Wettbewerb im Außen durch „mehr" hervorzuheben. Das ist prima, denn es belebt das Geschäft. Den Kunden mit seinen „Needs" zu kennen, ist wichtig. Denn es geht nicht nur darum, was dem Kunden nützlich erscheint. Es geht auch darum, dass Sie in Verhandlungen erkennen, was der Kunde durch versteckte Botschaften mit aussagt, und diese Informationen zu verwerten. Dies *richtig* zu interpretieren und mit verkäuferischem Geschick zu bedienen, ist in Verhandlungen eine hochgeschätzte Gabe.

Der Kunde möchte ganz lapidar seinen Bedarf, seine Wünsche befriedigen oder hat Kaufmotive, denen er gezielt nachgeht. Über Wünsche und den Bedarf sprechen die meisten Kunden ganz offen. Die Erwartungshaltung von Kundenseite ist die von Ihnen zu liefernde perfekte Beratung und Verhandlung. Durch Ihr Fachwissen und Ihre Erfahrungen bieten Sie ihm eine ideale Lösung. Für den Verkaufserfolg sind jedoch die Motive viel relevanter und entscheidender. Kunden mögen es nicht, durchschaut zu werden, deshalb achten Sie darauf, dass Ihr Angebot deren Bedarf gut abdeckt bzw. erfüllt. Gehen Sie in Verhandlungen auf den Kunden menschlich ein. Das befriedigt sein Motiv. Worauf Sie allerdings achten sollten, ist, dass Sie dem Kunden nicht das Gefühl vermitteln, ihn psychologisch zu durchdringen, um ihn wissen zu lassen, dass Sie ihn und seine Verhandlungstaktik, Kaufmotivation durchschauen. Sprechen Sie dies auf keinen Fall offen an, das zerstört die Verhandlung im Vornherein. Wenn Sie ihm jedoch klarmachen, wie gut seine Wünsche erfüllt werden, dass es seinen Bedarf deckt und seine dahinterstehende Motivation, wird er es als sinnvoll erachten.

Dazu gehört von Ihrer Seite natürlich eine gute innere Einstellung zum Kunden, zum Produkt, dem Nutzen sowie das Monetäre (Preis, Geld, Rabatt) und die Verhandlungsstrategie. Sie als Verhandlungspartner brauchen den nötigen Biss und Mut, auch bei einem „Nein" am Ball zu bleiben. Überlegen Sie, warum es zu einem „Nein" kommt, wozu es Ihnen dient, damit Sie an sich arbeiten können, um aus einem „Nein" ein begeistertes „Ja" zu generieren. Das birgt enormes Entwicklungspotenzial, es zeigt auf, woran Sie als Verhandlungspartner hinsichtlich Ihrer Fähigkeiten noch arbeiten dürfen, um zum Ziel zu kommen. Umgekehrt geht es natürlich ebenso darum, wann Sie selbst ein „Nein" einsetzen. Das liegt meist nicht nur am Preis, sondern manchmal auch an überzogenen Forderungen der Gegenseite oder nicht hinnehmbarem Verhalten. Wie gehen Sie damit um?

Wichtig ist immer, genau zu wissen, wer Ihnen gegenübersitzt. Kategorisieren, analysieren Sie Ihren Verhandlungspartner als Mensch, als Unternehmer, als Ihren Markt, den Sie erobern möchten. Doch stecken Sie ihn keinesfalls vorab und für immer in eine Schublade. Menschen können sich ändern. Menschen haben auch manchmal durch Ihr momentanes Umfeld (z. B. bei hohem Stressfaktor) eine andere Wirkung, als wenn sie in Ruhe arbeiten. Seien Sie achtsam, sensibel in Ihrer Wahrnehmung, spüren Sie in sich hinein. Was sagt der Verstand, der Kopf und was vermittelt Ihnen Ihr „Bauchhirn", Ihr Gefühl? Meist sind wir sofort im Bewerten, statt einfach einmal den Verhandlungspartner auf uns wirklich wirken zu lassen.

Weitere Möglichkeiten sind, wenn Sie Ihren Verhandlungspartner nicht so gut kennen, mit Kollegen zu sprechen bzw. die Erfahrung in Gesprächen (die Sie mit ihm gesammelt haben) zu nutzen oder sich der Historie der CRM-Datenbank zu bedienen. Schauen Sie sich das Kaufverhalten, Notizen, Verhandlungen, Verträge, Abschlüsse an. Sie können durch sehr gute Recherchearbeit im Vorfeld viele Informationen sammeln, die dann eine solide Basis bilden. Wichtig bei Verhandlungen ist immer: Verlassen Sie sich bitte nicht nur auf Aussagen von Kollegen. Sehen Sie es neutral. Jeder von uns ist individuell, wirkt auf das Gegenüber anders. Pauschalisieren Sie nicht. Wir Menschen neigen dazu, in die Kommunikation immer mehr hineinzuinterpretieren als nötig. Und daraus abgeleitete Informationen überspitzt weiterzugeben, um Aufmerksamkeit zu erzielen. Bitte lassen Sie das.

Es kostet unnötig Zeit und legt auch falsche Spuren, denen man sonst gern und unreflektiert folgt. Und falls Ihr Gesprächspartner z. B. den Ruf eines Wolfes hat, verlassen Sie sich auch darauf nicht zu 100 %, denn auch hier kann man überrascht sein, wenn sich Menschen ändern und sich in einem Gespräch mit gegenseitiger Wahrnehmung, Authentizität, Offenheit, Klarheit anders verhalten, als Ihnen vielleicht zugetragen wurde. Achten Sie auf sich, Ihre Wahrnehmung, Ihre Zunge!

Literatur

IFIDZ. (2019). Metastudie 2019: Führungskompetenzen im digitalen Zeitalter. https://ifidz.de/digital-leadership-beratung/#metastudie. Zugegriffen: 9. Juni 2019.
Kienbaum. (2018). Leadership Survey 2018. Über die Wichtigkeit von Führung in der Digitalen Revolution. https://www.kienbaum.com/de/publikationen/ueber-die-wichtigkeit-von-fuehrung-in-der-digitalen-revolution/. Zugegriffen: 18. Juni 2019.

2

Unser/e Verhandlungspartner/in

Wir haben uns jetzt ein wenig „warmgelesen", zu Beginn den Fokus vermehrt auf Geschäftspartner gelegt, auf deren Verhaltensweisen, Ausprägungen, und gehen nun über die Verhandlungsbrücke vom geschäftlichen in den privaten Bereich über. Wir schauen somit noch einmal genauer hin. Wer sind denn genau unsere Verhandlungspartner? Welche „Typen" begegnen uns in unserem Leben, in unserem Alltag? Schließlich sind es nicht immer Personen auf der rein geschäftlichen Ebene wie oben bereits geschrieben. Nein, unsere Verhandlungspartner sind den ganzen Tag um uns herum. Familie, Kollegen, Freunde, Kinder. Dazu kommen insbesondere Personen aus dem Dienstleistungssektor dazu. Und dann gibt es noch einen ganz besonderen Verhandlungspartner oder eine -partnerin. Sie fragen sich gerade: „Ja welche denn?" Das sind wir selbst! Ein Blick in den Spiegel genügt. Wir selbst sind unser/e stärkste/r Verhandlungspartner/in. Wir verhandeln und entscheiden auf Basis unserer bisher gemachten

© Springer Fachmedien Wiesbaden GmbH, ein Teil von Springer Nature 2020
C. A. De Brabandt, *Verhandeln für Jedermann,* Fit for Future, https://doi.org/10.1007/978-3-658-27239-5_2

Erfahrungen, eigenen Einstellungen zum Leben, unseres angelegten Potenzials, antrainierten Verhaltensmuster sowie Erziehung, Kultur, eigenen Zielsetzung und unseren Wertvorstellungen. Auf dieser Basis verhandeln wir in Zusammenarbeit mit Ego, Herz und Bauchgefühl. Doch bevor wir zu uns selbst kommen, schauen wir uns auf den Verhandlungsfeldern einmal um.

2.1   Der Stier in der Arena

Haben Sie auch gerade ein so schönes Bild vor Augen bei dem Ausdruck „der Stier in der Arena?". Ich schon! Ich sehe gerade vor meinem geistigen Auge die Stierkampfarena in Mexiko Stadt mit 45.000 Sitzplätzen. Gigantisch groß. Sie fasst unglaublich viele Menschen, die ihren Blick auf die Arena richten und den Kampf verfolgen.

Wenn auch wir in Verhandlungen sind, dann kann dies einem Stierkampf ähneln. Wer spielt mit wem? Wer wendet welche Taktik an, um den Sieg zu erringen? Wer von den Vertragsparteien geht wie weit? Welche Grenzen werden überschritten, die den anderen in Rage versetzen, Testosteron freisetzen, zum Angriff führen? Gibt einer vorher auf, bevor er sein Ziel erreicht? Verändert er oder sie die Taktik und wenn ja, wann tritt die Veränderung ein? Welche Mittel werden unbeabsichtigt, gezielt, perfide oder intrigant eingesetzt?

Worauf ich gerade hinausmöchte: Wenn wir uns in Verhandlungen begeben, dann kann es neben sachlicher und gut geführter Kommunikation auch aggressiv, wortgewaltig und wie bei einem Stierkampf in der Arena zugehen. An Publikum fehlt es uns meistens nicht, wenn wir versuchen, unsere Themen um- und durchzusetzen. Meist werden wir von Publikum umgeben beobachtet, bewertet und häufig auch beurteilt.

Leider laufen Verhandlungen nicht immer fröhlich ab, da geht es auch schon mal „Auge um Auge, Zahn um Zahn", egal welchen Alters oder welcher Berufsgruppe zugehörig. Gespräche können sich sowohl still-aggressiv entladen als auch durch lautstarke Wortgewaltigkeit oder in Eiseskälte. Und immer mit dabei die entsprechende nonverbale Kommunikation. Oder aber es wird versucht, mit Charmeoffensiven das Ziel zu erreichen, und dabei werden alle nur erdenklichen Hebel des manipulativen Handelns umgelegt. So viele Menschen, Kulturen es gibt, so viele verschiedene Verhandlungsmöglichkeiten und -arten gibt es auch. Doch woher weiß ich denn überhaupt, wen ich vor mir habe, wie ich kommunikativ arbeiten muss, um mein Ziel zu erreichen?

2.2 „Erst wenn ich weiß, wie ich bin, wer ich bin, kann ich richtig verhandeln"

Manche unter Ihnen, liebe Leser/innen, kennen sich als Mensch sehr gut, indem Sie häufig in sich hineinschauen, sich selbst sehr gut reflektieren oder sich durch Coaching oder Beratung Impulse geben lassen, dadurch aktiv an sich arbeiten. Allerdings, wie wir Menschen so sind, Positives nehmen wir sofort auf, doch Negatives hört oder sieht man ungern, schließlich möchte man das Leben möglichst sorgenfrei genießen. Ja, da gebe ich Ihnen absolut recht. Doch wer sich selbst gut wahrnimmt und spürt, weiß, auf welchen Themengebieten er sich weiterentwickeln kann. Das bietet eine gute Grundlage für das eigene Vorangehen, die Kommunikation, das Doing. Wir alle haben den sogenannten blinden Fleck, das Unbewusste in uns. Und dieser Faktor wird gern von unserem Gegenüber genutzt, damit dessen Ziele erreicht und umgesetzt werden, während wir uns in solchen Momenten wundern, wie unser Gegenüber es mit Argumentation geschafft hat, uns von etwas zu überzeugen, was wir just in dem Moment gar nicht wollten. Plötzlich haben wir z. B. Kleidungsstücke gekauft, einen Vertrag unterschrieben oder uns zu einer Aussage hinreißen lassen – dabei wollten wir das überhaupt nicht. Ich bin mir sehr sicher, diese Situationen kommen Ihnen bekannt vor. Oder es kann sein, dass man als Vertretung für einen Kollegen im Unternehmen einspringt, weil er oder sie kurzfristig etwas zu erledigen hat, und man dadurch „sich selbst geißelnd" länger im Büro sitzt, dabei die eigene Planung völlig über den Haufen wirft. Anderes Szenario: Wir sind der guten Einkaufsberatung verfallen, sitzen umrahmt von Einkaufstüten zu Hause auf dem Sofa mit der Frage „Warum habe ich das jetzt alles gekauft?", mit sichtbar schlechtem Gewissen. Wir sehen belämmert auf die Kassenzettel und in ein ungläubiges, von wenig Verständnis geprägtes Gesicht des Partners. Ich bin mir sicher, diese Situationen kennen Sie alle.

In diesen Fällen hat Ihr Verkaufs- und Verhandlungspartner perfekte Arbeit geleistet. Ihr Gesprächspartner hat die Lücken in Ihrem System gezielt für seine eigenen Interessen genutzt, sein Ziel umgesetzt, Sie zum Kauf bewegt. Während Sie sich über ein erleichtertes Bankkonto ärgern, freut sich Ihr Verhandlungspartner und hat Eurozeichen in seinen Augen stehen.

Gehen Sie gedanklich noch einmal in solche Situationen zurück, reflektieren Sie. Wann wurden Sie im Gespräch „weich" und haben Ihr eigenes Terrain verlassen, sind den Worten statt Ihrer eigenen Zielsetzung gefolgt? Das ist wie beim alltäglichen Einkauf. Haben wir nichts gegessen und laufen in den Supermarkt, kaufen wir mehr ein als das, was wir benötigen. Da braucht es noch nicht einmal einen Verkäufer, der uns etwas anpreist, schmackhaft macht. Es reichen die schön angestrahlten Früchte und das Gemüse, die so knackig aussehen, das rosé-farbene Fleisch in der Theke, die bunt aufgemachte Verpackung auf Augenhöhe im Regal und ZACK, laden wir den Einkaufswagen voll. Zu Hause stehen wir dann vor dem Kühlschrank bzw. dem Vorratsschrank, der noch so voll ist, dass wir es nicht schaffen, alles einzuräumen. Die Frage an uns selbst kommt sofort: „Wieso habe ich jetzt so viel eingekauft, das brauchen wir doch alles gar nicht." Da treffen viele Faktoren zusammen. Unser Jäger- und Sammlerinstinkt, unsere Gier und unreflektiertes, hemmungsloses Handeln, ohne nachzudenken. Unser Ego ruft „kaufen, kaufen, kaufen", der Bauch grummelt: „Ich habe Hunger. Jetzt. Sofort." Und wir führen, ohne nachzudenken, einfach aus.

Hier hilft der gute, alte klassische Einkaufszettel, auf dem steht, was man tatsächlich benötigt, gern auf Papier oder im Handy. Dazu sollten Sie immer mit vollem Magen einkaufen gehen, dann passiert Ihnen so etwas nicht mehr, dass Sie Ihrer hemmungslosen Einkaufslust folgen. Machen Sie sich Ihren eignen Part bewusst. Ihr Bankkonto wird es Ihnen danken. Achten Sie auf Ihre Zielsetzung: Beim „Verhandeln" geht es immer darum, sich seiner Aktionen bewusst zu werden und zu sein. Geschäftlich wie privat. Das erfordert im Vorfeld immer Zeit, die im Nachgang gut investiert ist.

Eine weitere Variante ist allerdings auch, dass Sie durch gelerntes Anpassen gar keine Verhandlungen (mehr) führen und sich im Nachgang richtig über sich selbst ärgern. Vielleicht haben Sie unbewusst Verhaltensweisen angenommen, weil Sie gelernt haben, dass es wichtig ist, sich im Leben anzupassen, weil Sie schlechte Erfahrungen gemacht haben. Sie Diskussionen, Machtkämpfe als schwierig ansehen, vielleicht auch häufig den Kürzeren gezogen haben. Sie haben vielleicht dadurch gelernt, dass es besser ist, nichts zu sagen, nicht zu verhandeln, als für sich mit allen Konsequenzen einzustehen. Sie haben sich so damit arrangiert, angepasst, dass Sie zwar von anderen im Außen geschätzt werden, doch Ihre Individualität, Ihr Inneres dadurch völlig verloren geht oder sogar schon gegangen ist. Sie (ver-)handeln und wirken zwar, doch nicht aus sich selbst heraus. Ist es das, was man Leben nennt? Fremdbestimmung? Anpassung?

Zeigen Sie Ihrem Gegenüber klar auf, wo Ihre Grenzen verlaufen? Wenn Sie unreflektiert und im Funktionsmodus sind, dann „Nein"! Wir geben dem anderen dadurch völlig freie Fahrt, somit bereitwillig Einfluss auf unser Handeln, unser Leben. Wir geben damit Verantwortung an die anderen ab und geben ihnen dann auch die Schuld, wenn etwas nicht rundläuft. Es ärgert einen zwar, ist allerdings immer noch wesentlich einfacher, als in sich zu sein und Verantwortung für sich selbst zu übernehmen. Verantwortung abzugeben bedeutet auch, dass wir uns nicht auf der Erwachsenenebene befinden, sondern im Kind-Ich. Früher haben die Eltern die Entscheidungen für uns getroffen. Und solange Sie sich in dieser Haltung befinden, dass andere für Sie entscheiden, Sie Ihre eigenen Werte nicht kennen, werden Sie im Leben nicht ernst- und wahrgenommen. Ich weiß, dass Sie das jetzt nicht lesen oder hören möchten. Diese Aussagen beziehen Sie auf Ihr Innerstes. Richtig, das kann weh tun. Es zeigt auch, dass das Thema nicht bearbeitet wurde. Doch nur wer aktiv auf sich, in sich sieht, kann an sich arbeiten und Unbewusstes in Bewusstes, Schwäche in Stärke umwandeln. Für was entscheiden Sie sich?

Eine weitere Situation, um Ihr Handeln zu veranschaulichen: Haben Sie schon einmal etwas gekauft, um dem anderen einen Gefallen zu tun, weil Sie das Gefühl hatten, Sie müssten das jetzt tun? Haben Sie sich die Frage selbst gestellt, wie wichtig Sie sich in solchen Situationen nehmen, was Sie davon für einen Vorteil haben? In solchen Fällen ist es wichtig, dass Sie sich das eigene STOPP-Schild bauen, es ROT anstreichen, sich wahrnehmen, spüren und es dann im nächsten Step hochhalten. Das erfordert Übung. Ein klares, freundliches „Nein" zur richtigen Zeit auszusprechen. Das erste Mal kostet es Sie noch Überwindung, doch je öfter Sie sich spüren, wahrnehmen, Ihre Interessen vertreten, desto leichter fällt es Ihnen. Und ein „Nein" muss nicht immer kommentiert, erklärt werden. Sie brauchen sich nicht zu rechtfertigen. In diese Falle tappt man auch häufig und stiftet mehr Verwirrung als Klarheit.

Im Vertrieb heißt ein NEIN

N = noch
E = ein
I = Impuls
N = nötig

Wird das NEIN mit klarer Sprache, Körperhaltung trans-
portiert, dann kommt das auch beim Gegenüber an.
Der andere spürt bei einem ernsten NEIN sehr wohl,
wann „Schluss mit lustig" ist. Kinder sind hier die besten
Übungspartner. Sie testen die Grenzen so lange bei Ihnen
aus, bis sie spüren, wo IHR neuralgischer Punkt liegt. Hier
fällt mir gerade eine kleine Geschichte dazu ein, die ich
Ihnen erzählen möchte. Dazu kommt, dass Männer zum
Teil viel strikter mit Kindern kommunizieren als Frauen.

Es geht um eine Familie mit zwei Kindern (ein sechs-jähriger Junge und ein neunjähriges Mädchen). Die Eltern beschließen an einem Sonntagnachmittag in die Stadt zu laufen, den Tag zu genießen. Alle sind startklar, bis auf den Sohn. Er meckert, motzt, hat keine Lust, an die frische Luft zu gehen, Fernsehen und Handy (ich bezeichne das immer als die digitale Lebensschnur ins Internet) findet er wesentlich spannender. Warum sollte er als Junge an die frische Luft? Die Eltern und die Tochter zogen sich an, der Junge sehr widerwillig, und durch sein Verhalten schwappte das auch auf die Tochter über. Beide bockig und mit Null-Bock-Mentalität. Der Vater ignorierte bewusst das Verhalten und teilte den Entschluss mit, dass alle mit in die Stadt gehen. „Zieht euch jetzt an und kommt mit, wir gehen schon einmal los." Was meinen Sie, ist passiert? Sind die Kinder zu Hause geblieben? Oder doch mitgekommen? Ich schreibe die Geschichte zu Ende. Die Eltern sind mit dem Fahrstuhl nach unten gefahren, auf die Straße gegangen und losgelaufen. Es dauerte nicht sehr lange, da kam erst die Tochter hinterher und später auch der Sohn. Bockig hatte er seine Turnschuhe in den Händen und lief ebenfalls hinterher. Nachdem er merkte, dass ihn sein Verhalten keinen Schritt weitergebracht hatte, zog er die Schuhe an und aus dem anfänglichen Boykott wurde für alle ein fröhlicher Nachmittag in der Stadt, mit einem Eisbecher und fröhlichen Gesprächen. Das „Nein" zu Beginn mit konsequentem Handeln des Vaters hat Struktur in die Sache gebracht. Und bei einem immer wieder klaren „Nein" lernen die Kinder, dass es Rahmenparameter gibt, die einzuhalten sind.

Der andere Fall war, dass eine Mutter mit ihrem drei Jahre alten Kind zum Einkaufen gegangen ist. Das Kind saß im Einkaufswagen und die Mutter besprach mit dem kleinen Kind, was sie einkaufen solle, und ging ohne Grenzen, bedingungslos, auf die Wünsche des Kindes ein. Bei dem Versuch, etwas in den Einkaufswagen zu legen, was sie selbst in dem Moment wollte/brauchte, schmiss das Kind die Sachen lautstark aus dem Einkaufswagen. Angefangen bei Gemüse bis hin zum Putzmittel, weil es dem Kind einfach nicht passte. Es gab keinerlei Grenzen, das Kind schrie den Supermarkt zusammen und die Mutter hörte. Ich selbst finde das fraglich. Wie soll ein Kind, das keinerlei Regeln, Grenzen kennt, später im Leben zurechtkommen? Die Generation der „Millenials" wird mit dieser nachfolgenden Generation, die kein „Nein" akzeptiert, keine Verhandlungen mehr führen, weil diese es einfach gewohnt sind, ohne Anstrengungen, ohne Grenzen, mit egoistischer Haltung alles zu bekommen. Das Miteinander hat in solchen Fällen keinen hohen Stellenwert mehr. Es geht nur noch um das „ICH", „JETZT", „SOFORT". Bereits jetzt ist durch die „Generation Z" erkennbar, dass das Ego einen enormen Stellenwert hat, was einfach daran liegt, dass vorangegangene Generationen wenig hatten, sich viel erarbeiten mussten. Den Mangel oder das Mangelempfinden möchte die ältere Generation der nachfolgenden Generation ersparen. Alles wird aus dem Weg geräumt, erledigt, Geld zugeschoben. Ja, es macht es leichter, doch hat dies massive Auswirkungen auf die Entwicklung unserer Gesellschaft.

Auch noch ein schönes Beispiel zum Thema „Nein" und Grenzen setzen: Ein Vater war mit seiner Tochter in einem Laden unterwegs. Die Tochter wollte auf Biegen und Brechen ein Spielzeug haben. Der Vater sagte „Nein". Die Konsequenz: Die Tochter warf sich auf den Boden im Laden, schrie, heulte, kreischte und zog natürlich die Aufmerksamkeit auf sich und den Vater. Die meisten Frauen wären sofort hingelaufen und hätten das Kind beruhigt. Der Vater jedoch sagte zum Kind: „Nein, das bekommst du jetzt nicht. Steh bitte auf und komme mit." Keinerlei

Reaktion vom Kind, es schrie lautstark weiter. Er, völlig sachlich: „Ich gehe jetzt zum Ausgang, wenn du dich beruhigt hast, kommst du nach." Das machte er auch. Das Kind brüllte trotzig weiter, an Publikum fehlte es nicht. Wie die weitere Reaktion des Kindes war? Nachdem der Vater außer Sichtweite war, schielte das Kind unter den Armen hervor, setzte sich bockig auf den Hosenboden, sah sich um und merkte, dass es mit seiner Aktion nichts bewirken konnte. Es wischte sich die Tränen aus den Augen, ging zum Vater hin, und die Diskussion war beendet.

In all diesen beschriebenen Fällen geht es um Verhandlungsführung, um Taktiken, Kommunikation. Wie hätten Sie sich in diesen Fällen verhalten bzw. entschieden? Hätten Sie zum Wohle Ihrer Nerven und Ihres Erziehungskodex entschieden oder wären Sie ganz auf die Kinder eingegangen? Wenn wir weiterführend denken: Welche Erziehungsmethode, welche Verhandlungstaktik lernen Kinder durch unser vorgelebtes, eigenes Verhalten? Ist es zielführend? Und kompensieren Sie vielleicht selbst etwas? Etwa weil Sie früher selbst sehr wenig hatten, sodass Ihre (Enkel-)Kinder jetzt alles von Ihnen bekommen? Vielleicht kompensieren Sie mit der Wunscherfüllung die fehlende gemeinsame Zeit mit Ihren Kindern, weil Sie beruflich viel unterwegs sind. Kommt man mit Geschenken nach Hause, ist einem die Aufmerksamkeit für einen kurzen Moment erst einmal sicher. Für diesen Moment, richtig. Allerdings werden die Ansprüche wachsen und dann müssen Sie mithalten. Sich Liebe, Ansehen, Anerkennung, Wahrnehmung usw. durch solche Aktionen zu „erkaufen", ist dauerhaft keine gute Idee. Wichtiger ist es, die Trigger unseres Handelns wahrzunehmen und zu überlegen, welche Motivation hinter einem Anliegen steckt. Denken Sie darüber nach, was es für Auswirkungen hat, wenn Sie sich so verhalten.

Was bezwecken Sie damit? Denn Ihr Handeln bzw. Nicht-handeln hat langfristige Auswirkungen auf das Leben, das Miteinander, die Gesellschaft und auch auf Sie selbst. Alles kehrt zurück, die Frage ist nur, wann.

Während Frauen manchmal zu viel denken, zu viel reden, zu viel reflektieren, zu viel „Ja" sagen (von dem freudigen JA der Hochzeit einmal abgesehen), dadurch auch zu viel Zeit verlieren, sind Männer mit ihrer klaren Kommunikation, dem klaren Entscheiden, schon wieder auf der Jagd und stecken das zur Verfügung stehende Revier effektiv ab. „Nicht kleckern, sondern klotzen", heißt die Devise. Da sind sie uns wirklich überlegen und das dürfen wir neidvoll anerkennen. Da wird nicht ewig um den heißen Brei herumdiskutiert, NEIN, da gibt es klare Ansagen und dann geht es zügig weiter. Warum sich mit Eventualitäten abgeben, Zeit verplempern? Im Vergleich dazu hört sich die Mehrzahl der Frauen viel zu oft „JA" sagen. Wir Frauen sind „ja" immer bestrebt, für alle das Beste zu erledigen, durch ein „Ja" über unsere bekannten wie unbekannten Grenzen zu stiefeln und uns dann zu wundern, warum wir so müde, ausgepowert sind, wenig Wahrnehmung bekommen (mit Ausnahme der ganz jungen Generation, die ausschließlich versucht, das Beste für sich herauszuholen, ohne Rücksicht auf Verluste, was die anderen um sie herum betrifft).

Hinter diesem „Ja, ich helfe doch sehr gern" steckt der Wunsch nach Anerkennung. Wir sorgen mit einem „Ja" für Vorleistung, ohne einmal mit uns selbst Tacheles zu reden, in uns hineinzuspüren, ob uns das auch wirklich, für uns selbst, weiterbringt. Statt einem vorschnellen „Ja" fragen Sie sich in Zukunft: Was möchte ich damit wirklich erreichen? Lohnt es sich in diesem Fall, meine Lebenszeit, Energie in etwas zu investieren? Was habe ich davon, bringt es mich weiter? Wie sieht mein Gesamtergebnis durch mein „Ja" oder „Nein" aus?

Wissen Sie, dieses „Ja" hat es auch so faustdick hinter den Ohren, denn es ist nämlich Teil der knuffigen „Ja-Rudeltierchen". Die finden so gern zueinander, das liegt in der Natur der Sache, dass wir uns einer Gruppe, einem Rudel zugehörig fühlen möchten. Da fällt mir gerade ein, falls Sie neulich ebenfalls den Bericht über Schimpansen im Fernsehen gesehen haben, haben Sie sicherlich auch festgestellt, wie ähnlich unser Gruppenverhalten (Mensch – Affe) ist. Es ist bis heute so, der Stärkere gibt den Ton an. Wirkung erfolgt durch entweder lautstarkes Gebrüll (wer kennt das nicht von Führungskräften) oder Einflussnahme durch manipulatives Handeln (z. B. Geschenke überreichen, Einsatz des AAT = Anschmeichelansaugtons, einem Sich-Umarmen usw.), je nach Situation. Damit wird sich beim Gegenüber eingeschleimt und es werden neue Allianzen geschmiedet. Wenn ich mich so umsehe, lässt sich das prima in unseren Alltag mit dem Begriff „Gruppendynamik" übertragen und zeigt uns ganz deutlich, dass wir unseren nahegelegenen „Verwandten" bis heute auf eine sehr einfache Art ähnlich sind.

So geht es auch dem einzelnen „Ja" von uns. Aus dem einen „Ja" ergeben sich dann mehrere „Jas", bis man plötzlich merkt, dass daraus ein langgezogenes „Ooooh" entsteht, weil Sie zu wenig auf sich und Ihre eigenen Rahmen-, Randbedingungen und Verhandlungsziele geachtet haben. Stichwort „Selbst-ACHTUNG!". Das drückt schon das Wort aus: Achten Sie auf sich selbst! Denn wenn Sie das nicht tun, fühlen Sie sich bald müde, ausgelaugt, ausgepowert. Rudel hin oder her, Ansehen hin oder her. Fragen Sie sich in solchen Fällen dann lieber, ob Sie in der Gruppe, in der Umgebung überhaupt am richtigen Platz sind oder ob es nicht besser wäre, das Revier zu wechseln. Denken Sie an Ihre eigene Lebenszeit, die Ihnen begrenzt zur Verfügung steht, das sollte Motivation genug sein, sich zu überlegen, wie man mit sich selbst arbeitet, sich eigene Ziele setzt und diese erreicht.

Und wie gesagt, wenn Sie ein manipulatives Gegenüber haben, dann werden Sie sich der Sachlage und Grundlage Ihres Miteinanders bewusst. Manipulative Menschen wissen genau, wie Sie die allerletzten Kraftreserven Ihres Wesens mobilisieren, um Ihre Energie für ihre Ziele zu nutzen. Die Karotte schwingt so lange vor Ihnen her, bis Sie irgendwann einmal zusammenbrechen. Bringen Sie Ihre Leistung dann nicht mehr, werden Sie ausgespuckt und sind am Nullpunkt angekommen. So weit soll es nicht kommen. Achten Sie gut auf sich. Mobilisieren Sie Ihre Kraft, Ihre Power. Denken Sie an die Situationen zurück, in denen Sie sich mutig, kraftvoll und in Ihrer Mitte gefühlt haben. Schreiben Sie es auf und lesen Sie es sich immer wieder durch. Das bestärkt Sie wieder, mehr in sich hineinzuhorchen und bei sich selbst anzukommen. Und sagen Sie zum richtigen Zeitpunkt „Nein".

Denken Sie über sich, Ihre eigene Motivation und die „Möhrchen an der Angel vor Ihnen" kurz nach. Wann sagen Sie zu schnell „Ja", was hindert Sie daran, „Nein" zu sagen, aus welcher Motivation heraus verhalten Sie sich so? Und bringt Sie dieses Verhalten auf lange Sicht weiter?

Einmal davon abgesehen, dass bei näherer Betrachtung die Möhrchen an der Leine gar nicht mehr so frisch aussehen, so wie Sie, wenn Sie ständig über 12 % laufen? Es gibt den schönen Spruch: „Everybody's Darling is everybody's Depp." Klingt hart, doch hat diese wahre Aussage einen ernsten Hintergrund. Wenn Sie sich Ihrer selbst nicht bewusst sind, Ihre eigenen Grenzen nicht kennen, dann laufen Sie Gefahr, weder ernst noch wahrgenommen zu werden, als die Person, die Sie im Inneren sind. Es fehlt Ihnen an innerer Stärke, Ihre Persönlichkeit im Außen, durch Handeln, Standing, Worte, Kommunikation zu leben. Vielleicht aus Angst, nicht gemocht zu werden. Ja, das ist richtig. Doch wenn Sie authentisch sind, klare Botschaften senden, dann kommen diese auch bei den richtigen Menschen, die für Sie wertvoll sind, an. Sie fühlen sich dann mit sich im Einklang, gut, leicht, befreit. Sie geben die Verantwortung nicht mehr an andere ab, sondern Sie stehen für sich, Ihre Wünsche, Ihr Leben ein und machen es l(i)ebensWERT.

Je besser wir uns kennen, desto besser kennen wir unsere Motivation, warum oder wie wir Dinge tun. Wer die eigenen Motive kennt und akzeptiert, liefert viele positive Impulse im Zusammenwirken, das sich wiederum z. B. in Verhandlungen und auf unser ganzes Leben auswirkt.

Doch woher soll ich denn jetzt wissen, wer ich bin, wie ich bin, was meine Motivationen sind? Es gibt viele verschiedene Möglichkeiten dies herauszufinden.

2.2.1 Tipp 1 – Selbstreflexion

Es erfordert Zeit und Mut, um an sich zu arbeiten, neue Handlungsweisen zu trainieren. Wenn Sie ehrlich und offen mit sich sind, dann wissen Sie, dass Sie die Zeit für sich effektiv nutzen sollten. Schnappen Sie sich einen Block und Stift und schenken sich selbst eine „Ich-Zeit", beantworten Sie sich die nachfolgenden Fragen:

„Wer bin ich?"

„Was zeichnet mich aus?"

„Welche Stärken und welche Schwächen habe ich?"

„Was ist meine persönliche rote Linie, die keiner überschreiten sollte?"

„Welche Themen gibt es, die mich emotional aufwühlen und mich aus meiner Mitte werfen?"

„Gibt es Themen, die noch nicht bearbeitet sind und mich bei Verhandlungen, Gesprächen zu einem Handeln verleiten, das überhaupt nicht mehr in mein heutiges Denken und Handeln passt?"

„In welchen Situationen neige ich schnell dazu, Zugeständnisse zu machen, schnell ‚Ja' zu sagen?"

„Folge ich alten, bequemen Gewohnheiten?"

„Welche Konsequenzen hatte ich, wenn ich für mich selbst einstand, in meiner Vergangenheit zu tragen? Was hindert mich, mein und das Verhalten meines Gegenübers zu hinterfragen und neue Maßnahmen abzuleiten?"

„Habe ich daraus gelernt und weiter an mir gearbeitet und erkenne ich mein eigenes Handlungsmuster, meine Motivation, die dahintersteckt?"

„Wenn ‚Nein‘, was habe ich in der Situation davon, bringt es mich wirklich weiter?"

„Folge ich einem angelernten Verhaltensmuster?"

„Bin ich mit meinen Entscheidungen in meiner eigenen Mitte?"

„Was sagt mein Kopf-, Herz-, Bauchgefühl zu der getroffenen Entscheidung? Wie spüre ich es in meinem Körper? Habe ich Herzrasen oder Magenschmerzen? Wie äußert sich mein Körper?"

„Wie fühle ich mich gerade mit dem Gesagten, dem Gehörten, der Konsequenz aus dem Gespräch?"

„Prescht mein Verstand wieder vor, anstatt einmal wirklich innezuhalten, nachzuspüren, was die Frage, eine mögliche Entscheidung mit mir gerade macht?"

„Bin ich gut vorbereitet in das Gespräch gegangen?"

„Habe ich mir einen Plan A und B überlegt?".

„Bin ich in den Gesprächen geerdet und klar in meinen Worten? Kommt meine Botschaft so an, wie ich Sie sende?"

„Wie viele Gespräche habe ich geführt? Gibt es ein Gesprächsmuster, dem ich folge?"

„Wie war der Ausgang der Gespräche, hatte ich Erfolg und wie habe ich mich dabei gefühlt?"

Beantworten Sie sich diese Fragen selbst, besonders in einer Situation, in der Sie selbst wirklich in Ruhe sind. Das bedeutet, dass Sie diese Fragen jetzt nicht zwischen Tür und Angel, im Familienalltag oder während Ihrer Arbeit beantworten. Nehmen Sie sich ganz bewusst die Zeit für sich selbst, auch wenn wir immer wieder Gründe finden, dass es einen Berg voll Arbeit gibt, die Familie ruft oder Ihr Chef Sie vor sich hertreibt. Schalten Sie das aus, seien Sie für sich selbst da, spüren Sie sich!

Neues Denken bzw. Umdenken ist für den Verstand anstrengend, der möchte lieber alten Strukturen folgen, schließlich ist das so bequem und ihm bekannt! Sich dessen bewusst zu sein, bringt Sie bereits einen großen Schritt weiter, indem Sie sich selbst sagen: „Ja, lieber Verstand, ich weiß, jetzt plauderst du wieder aus dem Nähkästchen, wühlst in den alten Schubladen des Gewesenen, doch jetzt nehme ich dich an die Hand und wir begeben uns auf neues Terrain! Jetzt lernen wir etwas Neues. Auf geht's!"

Stellen Sie sich vor, Sie hätten einen Lebensrucksack auf den Schultern und denken daran, wie viele Themen,

Altlasten, Gedanken, Handlungsweisen in diesem Rucksack stecken. Merken Sie das Gewicht, das auf Ihren Schultern lastet? Ganz schön schwer. Möchten Sie diese Last dauerhaft weitertragen, ohne sich zu fragen, ob das alles Ihnen gehört, was da drin ist? Sie machen jetzt erst einmal eine kurze Pause, gehen zur nächsten Parkbank, setzen sich, öffnen Ihren Rucksack und schauen einmal hinein, fangen an, alles aus dem Rucksack herauszunehmen.

Sie stellen fest, dass dort einiges schlummert, was Sie gar nicht mehr auf dem Radar hatten, Themen, die nicht Ihre sind, oder Gespräche, die mit einer anderen Haltung anders und zielorientiert verlaufen wären. Sie packen die alten und oft gut gemeinten Ratschläge ebenfalls aus und fragen sich: Haben diese, die ich vor langer Zeit z. B. erteilt bekam, für mein heutiges Leben noch Bestand? Sie werfen alle Altlasten, Gesprächshemmer, alte Denkweisen aus dem Rucksack raus in die neben Ihnen stehende Mülltonne und packen nur noch das hinein, was heute für Sie als erwachsene Person notwendig ist. Sie entmüllen Ihren Lebensrucksack und plötzlich fühlt sich alles viel leichter an. Damit begeben Sie sich wieder auf Ihren eigenen Lebensweg. Bekanntlich reist es sich mit leichtem Gepäck auch wesentlich leichter. Sie sind vielleicht verwundert, dass sich alles so leicht anfühlt, weil Sie jahrelang alles mit sich herumgeschleppt haben. Ja, die Macht der Gewohnheit. Das Leichtere, das ist eine völlig neue Situation. Seltsam nicht wahr, und doch so sehr befreiend! Sie wissen, wer Sie sind, was zu Ihnen passt, zu Ihnen gehört. Sie wissen, wie Sie ticken. Das ist gut so, denn es gibt Ihnen wieder das Gefühl, aus sich selbst heraus zu handeln, voranzugehen. Der nächste Schritt ist es, Ihren Lebensweg mit klarer Zielsetzung, Gesprächs- und Verhandlungsführung weiterzugehen.

Lebenswege sind, wie wir alle wissen, sehr unterschiedlich. Manchmal scheint man zu schweben, dann wieder spürt man die Steine, den Treibsand unter den Füßen, mal geht es bergauf, dass einem die Puste ausgeht, dann wieder bergab, es fühlt sich leichter an, und manchmal watet man auch durch den Schlamm oder durch Wasser. Durch die vielen verschiedenen Wege werden wir gefordert. Dadurch entwickeln wir uns immer weiter.

Neben diesen Wegen gibt es Lebensbereiche, die uns fordern und fördern, in denen wir uns aufhalten. Um welche Bereiche handelt es sich?

„Alles Neue ist immer mit Anreiz und Angst verbunden."

Hier ein Überblick über die Bereiche, in denen wir uns aufhalten und die wir in Zyklen immer wieder aufs Neue durchlaufen:

- **Komfortbereich:** Hier fühlen wir uns sicher, wohl und folgen dem Gewohnten. Es ist heimelig, wenig anstrengend. Alles folgt einem gewissen Ablauf (Job, Familie, berufliche und private Aktivitäten), der Ihnen Stabilität verleiht. Unser Leben ist abschätz- und überschaubar, vieles geht uns leicht von der Hand und es bedarf keiner großen Anstrengungen, es ist uns alles vertraut. Der Alltag, der Wohnort, unser privates und berufliches Umfeld geben uns Stabilität. Alles ist vermeintlich „save".
- **Angstbereich:** Sie befinden sich auf unbekanntem Terrain, Sie fühlen sich dadurch verunsichert, haben Sorgen, Nöte, Ängste (z. B. Jobverlust). Sie wenden viel Energie und Kraft auf, um das Gefühl der Stabilität wiederzuerlangen und/oder um in Ihr „altes Leben/ Fahrwasser" zurückzukehren. Doch das Leben fordert Sie heraus, sich mit sich selbst zu befassen, in sich hineinzusehen. Es bedarf einer hohen Ehrlichkeit sich selbst gegenüber, dass man Angst hat, vielleicht gerade

nicht weiß, wie es weitergeht oder weitergehen soll. Das Leben ist plötzlich außer Takt geraten. Ein Takt, der Sie und Ihr Leben lange begleitet, Ihren Rhythmus vorgegeben hat. Statt „Rock" oder „Klassik" hören Sie plötzlich den „inneren Blues" Ihrer Seele. Durch die entstehenden Ängste, den Wegfall von Routine kehrt man schnell in alte Verhaltensmuster zurück, da Ihnen das „Alte" sicher, bekannt, abschätzbar vorkommt. Die Angst, das Übermächtige, hat Sie im Griff. Handlungsunfähigkeit, Panik, hohe Herzfrequenz, Stress beeinflussen Sie, das Gehirn rattert unablässig oder fährt so weit runter, dass Sie keinen klaren Gedanken mehr fassen können.

- **Lernbereich:** In diesem Bereich akzeptieren wir die Herausforderungen, arbeiten daran. Wir verhandeln mit uns, dem Gegenüber neu, lernen neue Verhaltensweisen, erwerben neue Fähigkeiten. Unser Kompetenz- und Komfortbereich wird erweitert. Wir haben eine höhere Flexibilität und vielfältigere Möglichkeiten, um auf Anforderungen unseres Lebens zu reagieren.

- **Wachstumsbereich:** Wir erkennen die Möglichkeiten, unsere Lebens(t)räume zu verändern, zu verwirklichen, setzen uns neue Ziele, erobern neue Wissensgebiete, finden gute Lösungen. Der Wachstumsbereich bietet Ihnen die Möglichkeit der „aufgeregten Freude". Er ermöglicht Ihnen, mehr aus Ihrem Leben zu machen. In welchem Tempo Sie Ihre Themen umsetzen, in welcher Zeit, in welchem Rahmen, das alles bestimmen Sie.

Hand aufs Herz – verlassen Sie gern Ihren Komfortbereich, weil Sie Herausforderungen mögen?
Dann brauchen Sie die nachfolgende Übung nicht zu machen bzw. sie dient Ihnen als Inspiration. Wenn Sie beim Lesen jetzt erkennen, dass es an der Zeit ist, an sich

zu arbeiten, Ihre Komfortzone bewusst zu verlassen, können Sie nachfolgende Übungen ausprobieren:

Übungen

Übung für Beginner:
- Gehen Sie allein in ein Restaurant zum Essen
- Schreiben Sie einen Leserbrief

Übung für Fortgeschrittene:
- Bitten Sie Ihre Führungskraft um neue Aufgaben, die Ihr
  Potenzial entwickeln
- Singen Sie beim Fahrradfahren laut und befreit Ihr Lieb-
  lingslied

Übung für Grenzgänger:
- Machen Sie einen Fallschirmsprung
- Halten Sie eine freie Rede auf einem Marktplatz

Diese Übungen dienen dazu, neue mögliche Entwi-
cklungs-, Lebensbereiche kennenzulernen und über sich
selbst hinauszuwachsen. Haben Sie einfach Spaß daran,
sich selbst weiterzuentwickeln!

„Werden Sie zu Ihrem eigenen Überraschungs-Ei mit
Spiel, Spaß, Spannung."

Meine Fragen an Sie: „In welchem Bereich halten Sie sich gerade auf? Was veranlasst Sie, dort zu sein, was ist Ihre Motivation? Hängen Sie in alten Mustern, Gewohnheiten fest oder haben Sie mit Freude Ihr Lebensfenster aufgerissen und wünschen sich nur noch eines – raus hier?"

Nehmen Sie sich für die Beantwortung der Fragen Zeit. Zeit für sich selbst. Es geht um Sie! Um Sie selbst!

Vor ein paar Jahren war ich auf einem wunderschönen Sommerfestival. Dort trat die Band „FIVA und das Phantomorchester auf". Die Band sang damals das Lied „Bist du Muli oder Mensch". Hören Sie sich das gern einmal z. B. bei YouTube an. Der Text zeigt auf, wie sehr wir Menschen in Gewohnheiten festhängen können:

Liedtext: "Bist du Muli oder Mensch"

Dein Schlüssel hat ein Schlüsselbrett, die Briefe einen Kasten,
die E-Mails sind im Postfach und dein Telefon kann faxen.
Alle Anziehsachen haben ihren Platz im Schrank.
In der Arbeit bist du pünktlich und auch niemals krank.
Alles ist so ordentlich, alles hier hat seinen Platz.
Du machst alles vorbildlich, weil du selbst kein Vorbild hast.
Aber nachts kannst du nicht schlafen, etwas hält dich wach.
Obwohl keiner bei dir ist, hörst du dauernd diesen Satz:
Bist du – Bist du – Bist du Muli oder Mensch? Merkst du nicht, wie die Zeit rennt?
Bist du Muli oder Mensch?
Menschen können warum oder was denn fragen. Mulis können immer nur die Lasten tragen.
Bist du – Bist du – Bist du Muli oder Mensch? Merkst du nicht, wie die Zeit rennt? Bist du Muli oder Mensch?
Du machst das Licht an und trinkst zitternd dein Bier.
Liest einen Gedichtband und schaust fern bis um vier.
Doch du spürst, da ist was noch nicht fertig mit dir.
Da geht was noch nicht auf, das tief in dir rebelliert.
Du erinnerst dich daran, wie es damals als Kind war.
Als die Karotte vor der Nase dich noch nicht am Sehen hinderte.

> Du reißt das Fenster auf, weil die Luft im Zimmer brennt.
> Atmest durch, schreist es raus, was du seit Jahren denkst:
> Bist du eher im Abteil oder Großraum zu Haus?
> Bist du der Meinung, etwas an dir käme grad nicht groß
> raus?
> Bist du Feierabend-, Überstunden- oder Familienmensch?
> Bist du Ursache oder Wirkung? Oder eher Tendenz?
> Bist du ein offener Typ oder stehst du nur auf Konkurrenz?
> Bist du Muli? Bist du Muli? Bist du Muli oder Mensch?
> Du erinnerst dich daran, wie es damals als Kind war.
> Als die Karotte vor der Nase dich noch nicht am Sehen
> hindert.
> Du reißt das Fenster auf, weil die Luft im Zimmer brennt.
> Atmest durch, schreist es raus, was du seit Jahren denkst.
> Quelle: http://www.songtextemania.com/muli_oder_mensch_
> songtext_fiva.html
> Alle Infos über Fiva: http://www.musictory.de/musik/

In diesem Zusammenhang fällt mir folgendes Zitat ein:

„Der Sinn und Zweck unseres Gedächtnisses besteht nicht
darin, die Vergangenheit bestmöglich abzubilden. Sondern darin, uns in die Lage zu versetzen, die Zukunft zu
gestalten." (Henning Beck, Neurowissenschaftler)

Richten Sie daher Ihren Blick nach vorne auf Ihre persönliche Entwicklung, statt immer nur im Sumpf des Alten,
bereits Gewesenen zu verharren. Das Leben möchte gelebt
sein! Daher nutzen Sie Ihr Potenzial, wachsen Sie persönlich und fachlich! Es ist die spannendste Reise, die man/
frau unternehmen kann. Dazu brauchen Sie nicht im
Internet oder in Broschüren zu suchen, denn Sie, Sie
selbst, sind bereits einfach da! Durch Entwicklung haben
Sie immer wieder etwas Neues zu erzählen!

Ich habe mir zum Beispiel angewöhnt, mir selbst eine
ICH-Zeit einzuräumen. Gerade Frauen neigen dazu, für
jeden immer da zu sein, statt einmal auf die Bremse zu
treten und zu sagen: „Stopp!" „Ich achte jetzt auf mich

selbst, Ich schenke mir ICH-Zeit, Liebe, Aufmerksamkeit und spüre mich, meinen Körper, meine Seele, meine
Wünsche, meine Stärken." Wann haben Sie sich selbst
zum letzten Mal richtig wahrgenommen? Wie fühlt sich
gerade Ihr Nacken an, Ihr Schultergürtel? Ihr Magen oder
Ihr Rücken? Wie schlägt gerade Ihr Herz? Wie atmen Sie
im Moment? Wie sitzen Sie gerade auf dem Stuhl? Fühlen
Sie sich in Ihrer Umgebung wohl? Wenn Sie dies schnell
und mit Klarheit beantworten können, dann sind Sie
schon einen großen Schritt weiter. Wenn Sie dies nicht
können, dann ist es ein klares Signal, Ihr Leben und Ihre
Handlungsweisen zu überdenken.

2.2.2 Tipp 2 – Potenzialwahrnehmung und -eroberung von außen

Im ersten Tipp beschäftigten wir uns mit uns selbst. Das
ist wichtig. Wer sich selbst gut kennt, hat eine solide Basis,
zeigt dadurch auch Wirkung, indem er geerdet und souverän wirkt. Man strahlt Ruhe und Kraft aus. Doch es bleibt
immer noch ein kleiner blinder Fleck, der freudvoll darauf wartet, entdeckt und entwickelt zu werden. Dazu darf
man erst einmal ehrlich zu sich sein und sagen: „JA, ich
bin nicht perfekt. Ich freue mich sehr darauf, mein eigenes Potenzial zu erkunden, zu entfalten." Und ist es nicht
auch herrlich, dass man überhaupt an etwas arbeiten oder
durch etwas neu wirken kann? Stellen Sie sich einmal vor,
Sie hätten alles. Wie langweilig wäre das Leben, wenn wir
nichts mehr zu berichten hätten.

Wir alle, die hier diese Zeilen lesen, egal ob jung oder
alt, unerfahren oder erfahren, wissen sehr gut, dass wir
manchmal so stark im Leben eingebunden sind z. B.
durch Schule, Aus-/Weiterbildung, Studium, Familie, Karriere oder familiäre Situationen (z. B. Pflege), dass wir aus

unserer eigenen Mitte geschoben werden, bedingt durch den von außen kommenden Druck. Wenn wir nicht mehr in unserer eigenen Mitte sind, wir durch Stress nur noch funktionieren, dann spüren wir uns nicht mehr. Wir sind im Funktionsmodus, die Wahrnehmung läuft in solchen Fällen auf Sparflamme. Das betrifft alle Altersstrukturen. Man kommt gar nicht mehr auf die Idee, über sich, das eigene Leben nachzudenken.

Ich selbst habe vor kurzem ein Selbstmanagementseminar besucht. Es war im Grunde genommen als Wiederholung für mich gedacht bzw. auch, um einfach ein paar nette, neue Menschen kennenzulernen. Tiefenentspannt bin ich zu diesem Zweitagesseminar gefahren und freute mich auf ein paar lockere Stunden. Was soll ich jetzt sagen oder schreiben, ja, es war schon locker und auch Wiederholung für mich, doch bei dem Seminar stellte ich, als Frau, fest, dass ich sehr stark im Funktionsmodus festhänge. Vor lauter Rennen, Springen, Reagieren habe ich meine eigenen Ziele aus den Augen verloren und festgestellt, dass ich bedingt durch mein Umfeld gesteuert wurde und werde. Mir war das so offensichtlich nicht bewusst. Daher ist auch dieses Buch, während ich es schreibe, ein Impuls für mich, immer wieder und neu an mir zu arbeiten, Dinge zu verbessern.

Was passierte an den beiden Tagen: Als ich am ersten Seminartag abends nach Hause fuhr, schaltete ich das Radio ab und ich sang auch nicht lautstark-fröhlich vor mich hin. Denn das tue ich mit Herzblut und Leidenschaft, weil es mir wirklich Spaß macht. Doch an diesem Abend blickte ich bewusst und seit langer Zeit einfach einmal wieder in mich hinein gemäß dem Zitat von Reinhold Messner

„Ich musste hoch hinaufsteigen, um tief in mich hinabzublicken" und ich erkannte, dass ich einiges an mir zu arbeiten habe. Fragen wie: „Was sind meine klaren Ziele, wie komme ich dahin, welche habe ich vom eigenen Radar verloren, warum habe ich diese nicht weiter forciert und mit meinem Umfeld darüber gesprochen, verhandelt etc.?", wummerten in meinen Gehirnwindungen. Durch zu viele Einflüsse in meinem Leben, habe ich meinen ursprünglichen Pfad zum Teil verlassen. Warum? Weil ich in ein altes Verhaltensmuster gerutscht bin. Ein Grund mehr, mir meine eigenen Zeilen und Ziele zu Herzen zu nehmen, so wie Sie!

Nach dem zweiten Kurstag und innerer Reflexion habe ich dann gleich einmal beherzt alle Aufgaben, die mir z. B. durch meine Familie aufs Auge gedrückt wurden und gar nicht meine Aufgaben sind, zurückdelegiert und das, während ich Unterricht saß. Wissen Sie was? Ja, es war eine kleine Überwindung, doch durch meine eigenen, inneren Verhandlungen, Entscheidungen fühlte ich mich in diesem Moment unglaublich befreit und (wieder) selbstbestimmt. Jetzt hängt ein kleines Post-it an meinem Rechner mit meinen Zielen, um immer wieder den Impuls für die Erreichung meiner Ziele zu setzen.

Kommen wir zu unserem Thema vom Handeln hin zum Verhandeln zurück inklusive dem Sich-bewusst-Sein.

Ein paar Beispiele

Viele von Ihnen haben/hatten sicherlich Schulkinder. Für Kinder möchte man stets das Allerbeste, richtig? Doch ist das Allerbeste wirklich das Richtige, z. B. indem Kinder gedrängt werden, das Gymnasium zu besuchen? Das kann fatale Folgen haben, auch wenn es gut gemeint ist im Hinblick auf die Zukunft. Ich kenne etliche Kinder, die durch massives Einwirken genötigt wurden, das Gymnasium zu besuchen, mit enorm viel privater Lernunterstützung. Die Kinder hatten keine Freizeit mehr. Alles war getaktet, das ganze Leben.

Schüler, die ihrem natürlichen Potenzial nicht mehr folgen dürfen (weil Eltern den Anspruch haben, dass das Kind auf das Gymnasium muss, statt ehrlich mit sich zu sein, dass es dem Kind z. B. in der Mittelschule besser ginge und es auch dort die Möglichkeit hat, später noch zu studieren), haben es im Leben schwer. Sie sind und werden fremdbestimmt, Sie verlieren den Kontakt zu sich selbst, ihren Neigungen, Potenzialen.

Eine solide, wahrnehmende Gesprächsführung und folglich familiäre positive Verhandlung finden selten statt. Der Wunsch nach einer perfekten Vorbereitung auf die mögliche Zukunft haben oberste Priorität. Ohne Rücksicht auf Verluste. Eine mögliche Karriere, das Darstellen im Außen stehen häufig über den Wünschen, Potenzialen des Kindes. Eltern erzählen mit stolzgeschwellter Brust, ihr Kind gehe jetzt ins Gymnasium, werde studieren, und dem Gegenüber entfleucht ein zartes „oh" mit Wertschätzung, was Eltern noch stolzer macht.

Die Kinder werden geschoben, gedrängt, sie bekommen gut gemeinte Nachhilfe, Förderunterricht, zum Teil psychologische Behandlung, nur damit das Ziel im Außen „Mein Kind geht auf das Gymnasium, mein Kind wird später studieren!" erreicht wird. Zum Teil mit fatalen Konsequenzen, dass Kinder unter Burnout leiden oder soziale Auffälligkeiten zeigen. Die Kinder verlieren ihr eigenes Gefühl für sich. Entscheidungen für sich im Erwachsenenalter fallen enorm schwer. Für sich und eigene Wünsche einzustehen, ist ein richtiges Problem. Im schlimmsten Fall ziehen sie sich komplett in sich zurück, funktionieren nur noch. Das Lebendige erstarrt, was manchmal zeitverzögert zu Depressionen oder Aggressionen führt.

Das Fatale an dieser Situation ist, dass das erlebte Verhaltensmuster der Eltern später einfach kopiert und an die eigenen Kinder weitergegeben wird, ohne Selbstreflexion. Selbst-, Eigen-, Fremdwahrnehmung sind im Erwachsenenalter stark eingeschränkt, was sich wiederum auf unsere Gesellschaft auswirkt und dort widerspiegelt.

Kinder soll(t)en im Rahmen ihrer Möglichkeiten gefördert und entwickelt werden, jedoch nicht, um dem Ego und der Selbstdarstellung der Erwachsenen zu dienen. Nur wer (Gesprächs- und Verhandlungs-)Raum lässt, kann sich dort bewegen, entfalten, neue Möglichkeiten sehen und sich ausprobieren.

Ein weiteres Beispiel
Sie als Führungskraft bekommen die Anweisung, im Konzern eine neue Rolle einzunehmen, doch Sie sind gerade
durch zwei kleine Kinder zu Hause auch dort gefordert und
müssen parallel im Job Ihre Frau/Ihren Mann stehen. Sie
können allerdings nicht ablehnen, weil Ihre Karriere dann
beendet wird. Was machen Sie dann? Sagen Sie, ich pfeife
auf die nachfolgende Karriere, weil mir meine Kinder
wichtiger sind, oder wird Ihr innerer Karrieretreiber und
Egoshooter so stark angesprochen, dass Sie alles daran-
setzen, die Anforderungen des Unternehmens zu erfüllen?
Wie und auf welcher Basis verhandeln Sie? Haben Sie
überhaupt die Möglichkeit dazu? Wie viel sind Sie bereit
„einzustecken", „Verzicht zu üben" oder ist Ihr innerer
Karrieremotivator so stark, dass Sie alles geben, weil das
vorgehaltene Möhrchen so wertvoll erscheint, dass Sie Ihre
eigene Work-Live-Balance hinter sich lassen? Vielleicht sind
Sie bereits so klar, reflektiert, dass Sie neben der Karriere-
möglichkeit auch Ihre Wünsche äußern, um mit größtmög-
licher Überschneidung von beiden Seiten – Arbeitgeber
und Sie als Arbeitnehmer – das gemeinsame Ziel erreichen.

In diesen beschriebenen Beispielen wird meist nur noch
„gehandelt" statt „verhandelt". Die Interessen des Gegenübers sind stark, und wir, die davon betroffen sind, können manchmal gar nicht anders, als uns dem zu beugen.
Sobald wir ein anderes Verhalten oder Standing zeigen,
hat dies unmittelbar Wirkung. Das anzunehmen, auszu-
halten erzeugt in der Phase der Gesprächsführung meist
Stress für die Beteiligten. Der Klassiker ist, dass wir uns
dann zurückziehen und uns beugen. Doch genau dieses Verhalten hat eine immense Wirkung auf unsere
Seele und Gesundheit. Geben wir immer nach, sprechen
unsere Anliegen nicht aus, können dadurch nicht nur
Stress, sondern auch Ängste entstehen und weiterführend
Depressionen. Mit jedem Mal, wo wir mehr einknicken,
nicht bei uns bleiben, richten sich die Gefühle gegen uns.

Eine gefährliche Situation, denn wenn wir immer folgen, uns in privaten wie geschäftlichen Situationen ausschließlich anpassen, verlieren wir unser wertvollstes Gut, uns selbst als Mensch. Das zeigt sich durch Erkrankungen wie Allergien, Burnout, Depressionen und Suizid.

Unser Ziel ist es, sich im Leben, im Job mit Fachwissen, Kompetenz einzubringen, sich durch solide Verhandlungen zu positionieren, inhaltlich zu wachsen und eine gute, sachlich-fachlich fundierte Kommunikation mit dem Verhandlungspartner zu leben. Dann macht es richtig Spaß!

Coaching und Beratung sind ein wertvolles Instrument, um sich zu entwickeln. Durch Analyse, ein Durchleuchten der Persönlichkeitsstruktur, daraus folgende Erkenntnisse und „Aha-Momente" gehen Sie auf Ihrem Lebensweg mit neuem Wissen voran. Das Leben wird dadurch spannend, interessant und plötzlich hat man auch über sich wieder etwas zu erzählen. Dies schafft wiederum eine neue Basis im Miteinander und Austausch.

Gönnen Sie sich diesen kleinen Luxus, indem Sie sich durch Weiterbildung, Coaching, Beratung und damit verbundene persönliche Fragestellungen entwickeln. Es gibt z. B. das Reiss-Profile (http://www.rmp-germany.com/reiss-motivation-profile) oder das DISG-Modell (www.disg-modell.de). Diese beiden Tests bieten eine solide Basis, um sich selbst, innere Treiber, Motivatoren, Einstellungen, Haltungen, Talente, Potenzial zu erkennen, damit zu arbeiten und im Alltag einzusetzen.

2.2.3 Tipp 3 – Wir „gehen Gassi mit dem inneren Schweinehund"

Durch Weiterbildung, Coaching, Beratung, Training haben wir somit Möglichkeiten, uns selbst wahrzunehmen, unsere inneren Motivationen zu ergründen, angesehen. Sie liefern uns bereits erste Antworten, wie wir uns in Verhandlungen benehmen, was mögliche Treiber, angelernte Verhaltensmuster sein können, die Einfluss auf das Ergebnis unserer Verhandlungen im Miteinander haben.

Durch Fragen an uns selbst bzw. unseren Freundes-, Bekanntenkreis bzw. Kollegen und durch Coaching, Beratung kommen wir uns selbst auf die Schliche. Je ehrlicher Sie mit sich sind, je offener Sie das Feedback annehmen, desto besser die eigene Grundlage für das weitere Vorangehen.

Wem das eine bzw. das andere jetzt (noch) nicht so zusagt, kann auf weitere Möglichkeiten zugreifen, z. B. in Form von Training. „Wie jetzt? Was meinen Sie bitte mit Training?" Training, damit ist gemeint, dass Sie Ihren kleinen, knuffigen inneren Schweinehund an die Pfote nehmen, sich mit ihm gemeinsam vom bequemen Sofa erheben und den gewohnten, gemütlichen, abschätzbaren

Alltag einmal hinter sich lassen. „Jahaaaa! Und zwar genau jetzt!" Das erfordert Ihr aktives Zutun, indem Sie Energie einsetzen, gewohnte Pfade Ihres Denkens, Handelns, Tuns verlassen. „Ja, und jetzt?", könnte Ihre Frage lauten. „Was mache ich jetzt mit meinem inneren Schweinehund? Ich habe schon so viel probiert, da setze ich mich lieber gleich wieder hin, es hat ja eh alles keinen Sinn oder etwa doch?"

Jetzt begeben wir uns auf Abwege, in den Dschungel Ihres „Ichs". Und das ganz einfach so. Ohne Vorwarnung! Nein, wir zögern kein bisschen!

Tipp

Stellen Sie sich vor, Sie haben so ein schönes Papiermetermaß von IKEA vor sich. Jetzt knicken Sie es an der Zahl, so alt wie Sie sind, ab, reißen es weg. Denn dieser Zeitraum ist vorüber, Sie können nichts mehr daran ändern. Es ist Vergangenheit. Jetzt überlegen Sie sich, wie alt Sie werden möchten und knicken es ebenfalls ab und reißen dann den anderen Teil ebenfalls weg. Jetzt haben Sie das Fitzelchen Papier vor sich, das Ihnen Ihre mögliche Lebensspanne zeigt. Ob wir das in der Form wirklich erleben, wissen wir nicht. Das ist die Zukunft und die können wir nicht maßgeblich beeinflussen. Wir können uns vielleicht wünschen, dass wir z. B. 80 Jahre alt werden, doch sind wir zu dem Zeitpunkt gut situiert? Gesund? Wo leben wir? Wie sehen die politischen Verhältnisse aus? Gibt es noch Rente, um zu leben? Müssen wir alle bis zum Lebensende arbeiten? Viele Fragen, doch heute, jetzt kennen wir die Antworten nicht und können es auch kaum beeinflussen. Was uns bleibt, ist JETZT mit allen Sinnen wach und da zu sein. Jetzt zu leben, jetzt den Moment zu genießen und jetzt zu handeln. Machen Sie sich bitte bewusst, dass unser Leben nicht einfach so weiterläuft, es ist immer unsere Lebenszeit, die wir einsetzen, unwiederbringlich.

Daher ist das Thema Ich, das Thema Wahrnehmung, das Thema Für-sich-Einstehen, das Thema Verhandlung wichtig. Genau jetzt, in diesem Moment, können wir anfangen neu zu denken, neu zu starten und reflektiert zu handeln. Es ist schier unglaublich, es gibt nämlich noch mehr als das Sofa und das im Moment heißgeliebte Handy, die stetige Verfügbarkeit, die Fremdbestimmung. Es gibt das Leben, da draußen und tatsächlich vor Ihrer eigenen Haustüre! Das ist doch kaum zu fassen, oder? So real, so nah, so echt! Das Abenteuer, das Unbekannte, das Große, das Ganze!

Und merken Sie, wie Ihr innerer, herzallerliebster, innerer Schweinehund gerade unruhig wird? Schauen Sie ihm (Bild unten) ruhig in die Augen. Merken Sie, wie er leicht nervös ist? Vielleicht sogar in Panik ausbricht und er nicht weiß, ob er freudig in Ihnen herumhüpfen, Sie anstupsen soll? Oder die andere Möglichkeit nutzen soll, Sie mit treuesten Augen anzusehen, so herzallerliebst, dass alle Schokoladentafeln dieser Welt sofort dahinschmelzen, Ihr Herz butterweich wird und Sie sich der Situation einfach nur ergeben. Hach, das Bekannte, wie schön, wozu brauche ich denn noch die Umsetzung meiner Ziele? Es ist doch so viel einfacher, sich der Situation zu ergeben, als an sich zu arbeiten ... Der innere Schweinhund freut sich, weil er sein Ziel erreicht hat, und Sie können nicht anders, als Ihrem bekannten Lebensmuster zu folgen, sich wieder auf Ihr superbequemes Lebenssofa zu setzen, das Sie in- und auswendig kennen? Mit einem wohligen Seufzer lassen Sie sich darauf fallen, es ist da so schön, so bequem, so weich, so anschmiegsam!

„Hallo! Haaaaaaallllloooooo! – Hören Sie mich noch?!
Huhuuuu! Hallo? Erde an Leser/in! Hier spricht Ihr wertvolles Ich! Stehen Sie ‚flottikarotti' sofort auf und lenken
Sie Ihren Blick wieder auf die vor Ihnen stehenden Buch-
staben, Sätze! Den Inhalt! Es geht um Sie! Um neues Denken! Nicht um Ihr altes, ausgedientes Sofa, sondern um
Ihre Haltung, Wahrnehmung, Handlung! Ihr Leben!"

Ihr innerer Schweinehund schmeichelt Ihnen, indem
er Ihnen zuraunt: „Ach komm, wofür denn die
Anstrengungen, ja klar, es läuft gerade in Verhandlungen,
in deinem Leben vielleicht nicht nach deinem Schema,
doch das Alte, das Bekannte, das ist doch so schön. Das
kennst du sehr gut, das ist dir vertraut! Bleib doch auf
diesem kuscheligen Alltagssofa sitzen, da hast von dort
aus alles im Griff. Das Alte kennst du, doch das Neue
erfordert neues Denken, kostet unnötig Energie, das
muss doch nicht sein! Geistige Agilität – wer braucht das
schon! Pah! Du bist zwar manchmal unzufrieden, indem
du dich einfach Entscheidungen beugst, diesen nachgibst,
doch es geht schon irgendwie! Übergehe doch diese klei-
nen-großen Gefühlsschwankungen, du kannst es doch
auf alles andere schieben, anstatt dich mit dir selbst zu
konfrontieren. Baby, das ist viel easier! Das kleine bisschen Unzufriedenheit im Job, das macht doch nichts.
Die Verhandlungsschwäche in Gesprächen, was soll's!
Die anderen machen doch eh, was sie wollen. Das bisschen Ziel, das du aus den Augen verlierst, das ist alles
halb so schlimm! Chill' doch mal, komm einfach runter!
Der darauffolgende Ärger, die Wut, die in dir steckt, weil
du dich nicht mit deinen Wünschen durchgesetzt hast,
und der notorische Kummer, der dir auf den Magen
schlägt, stehen in keiner Relation zu dem Kraftaufwand,
den du benötigst, um deine Ziele zu erreichen. Die paar

Pillen, die du schluckst, um deinen Blutdruck wieder auf Normalniveau zu bringen, weil du deinen Worten keine Sprache verleihst, und die innere Resignation, die du erlebst, daran gewöhnst du dich schon auf Dauer. Die Gewohnheit macht alles erträglich. Schau mal: Sie schenkt dir Struktur, den Halt im Leben. Wünsche, die du für dich hattest, die nur noch in Gedanken da sind, die spülst du doch mit einem Glas Wein oder Bier entzückend und mit Sexappeal abends runter. Da ist der Frust gleich nicht mehr so groß. Die damit einhergehende, fehlende Anerkennung im Job und in der Familie, das ist ja bei vielen so, das ist doch nicht so schlimm! Alle anderen in deinem Umfeld erzählen ja auch, dass es Ihnen so geht, also warum solltest du denn etwas ändern? Ich kuschele mit dir auf deinem altbekannten, ausgedienten, durchgesessenen Lebenssofa. Da ist die Welt noch in Ordnung."

So, Ende Gelände. Ich muss jetzt hier ein paar klare Worte und Maßnahmen ergreifen, Sie aus Ihrem Dämmerzustand holen! Kneifen Sie sich selbst einmal ordentlich, klappen Sie wieder Ihre Ohren nach vorne, spüren Ihren Körper, atmen Sie tief durch. Sie haben zwei gesunde Beine, auf die Sie sich jetzt, sofort stellen. Nein, ich möchte kein Jammern hören! Schauen Sie sich einmal an! Mit dieser Ihrer „Haltung" – das sagt schon das Wort „HALT-ung" – kommen Sie nicht voran. Wer anhält, bewegt sich nicht. Wir bringen jetzt „be-WEG-ung" in Ihr Leben.

Sie machen einen geraden Rücken, schieben Ihre Schulter nach hinten, machen den Kopf gerade, atmen richtig tief durch, öffnen die Augen des „Ichs", tätscheln Ihren liebgewonnenen Schweinehund und krempeln die Ärmel hoch! Schieben Sie die dunklen, muffigen Vorhänge beiseite, öffnen Sie das Fenster der Seele und lassen

Sie mal ordentlich Licht und Luft in Ihr Leben. Bei so viel Licht sehen Sie das altausgediente, staubig-durchgesessene Lebenssofa. Und? Gefällt Ihnen das? Hat vom Sofa aus jemand die Welt bereist? Einen Schritt nach vorn gemacht? Nein! Bringen Sie die alten Gewohnheiten im Leben voran? Nein! Sonst hätten Sie nicht dieses Buch gekauft!

So, und was jetzt? Action! Futter für das Gehirn! Raus ins Leben! Abwechslung tut gut und gibt neue Impulse. Gerade in unserer digitalisierten Welt ist es wichtig, viel Wissen zu komprimieren und neu zusammenzusetzen. Sich selbst Impulse zu geben. Wo kann ich das machen?

Bibliotheken

Sie gehen zu einer größeren Bibliothek und trauen sich, durch die Gänge zu streifen. Echte Bücher – wow! Das kann ein sehr schönes Gefühl sein. Und es gibt dort tatsächlich Menschen, die sich auch Bücher ausleihen! Kaum zu glauben! Ich selbst bin sehr digital im Arbeiten, doch ich liebe unter anderem auch große Bibliotheken. Man stöbert vor sich hin, trifft andere Menschen, tauscht sich aus, gibt sich Tipps, entdeckt visuell und haptisch Bücher, CDs, Zeitschriften, die einem sonst nicht über den Weg laufen. Man schaut direkt in die Literatur und erkennt sofort, ob einem der Schreibstil des Autors zusagt oder nicht, bleibt vielleicht verträumt an Zitaten hängen, liest einen wertvollen Rat oder sieht einen eingetragenen Link zu Internetseiten, wonach man nie gesucht, geschweige die denn selbst gefunden hätte. So stapeln sich die Bücher im BIB-Korb, die man freudig ausleiht oder vor Ort im Literaturcafé bei einer Tasse Kaffee anliest. Das ist herrlich! Es schont außerdem den eigenen Geldbeutel und die Umwelt, da eine Bibliothek nachhaltig ist.

Fazit

Eine Bibliothek lädt zum Entdecken ein und bietet kosten-
günstig sehr gute Literatur zum Thema Verhandlungsführung, Kommunikationstechniken, Sprach- und
Schreibstil, Rhetorik, Körpersprache u. v. m. und bietet
nebenbei Bewegung, schafft Entdeckungsfreude und Austausch. Herrlich! Und wer einmal wenig Zeit hat, kann die
Onleihe für digitale Bücher nutzen.

Trainings, Kurse

Sie schnappen sich jetzt Ihren Rechner und surfen nach
passenden Trainings oder Kursen im Internet, die für Sie
einen Mehrwert schaffen. Sie möchten z. B. Ihre Rhetorik verbessern. Dann suchen Sie gezielt nach einem
Rhetorikkurs. Ja, der Markt bietet sehr viel, da sieht man
schon manchmal den Wald vor lauter Bäumen nicht mehr,
da gebe ich Ihnen recht. Zunächst kommt es darauf an,
wie viel Sie ausgeben können. Meine Erfahrung sagt, es
müssen nicht immer Kurse teurerer Anbieter sein, die
Mehrwert schaffen, sondern es sind häufig sogar die güns-
tigeren Anbieter, die viel zum Wissenstransfer beitragen.

Es gibt viele und sehr gute Weiterbildungen zum
Thema Verhandlungsführung, Selbst- und Eigen-
marketing, Selbstwahrnehmung, Kommunikation & Digitalisierung. Das sind wesentliche Basisbausteine, um sich
selbst und das eigene Verhalten zu erkennen. Sie reichern
damit Ihre Lebensfestplatte mit neuen Informationen an.
Mit dieser Grundlage und dort erlernten Tools haben Sie
die Möglichkeit, alte Verhaltensstrukturen abzuwandeln,
positiv zu verändern. Dadurch schaffen Sie sich eine neue
Grundlage in der Gesprächsführung mit Auswirkung auf
Verhandlungssituationen.

Schauspieltraining

Vor kurzem habe ich ein Seminar mit dem Titel „Schauspieltraining" besucht. Jetzt fragen Sie sich bestimmt, was das denn bitte mit Verhandlungs- und Gesprächstechniken zu tun hat. Sehr viel. In diesem Seminar wurden Atemübungen gemacht, die Stimme trainiert, Kreativitätstechniken angewandt, um verstecktes Potenzial nach außen zu tragen, Filmaufnahmen zur Selbstreflexion erstellt, Sprachtraining durchgeführt und es wurde ebenso auf Wirkung, Präsenz, Wahrnehmung geachtet. All das sind Basics für eine gute Verhandlungsführung. Wenn ich mich gut kenne, weiß, wie ich wirke, wie ich mich gebe, wie ich kommuniziere, dann bin ich mir selbst-be-wusst. Folge ich dagegen einem antrainierten, festgelegten Ablaufplan eines Verkaufsgespräches oder Kommunikationsmusters, spüren das die Beteiligten sofort, was immer das für eine Konsequenz auf das Verhandlungsergebnis haben wird.

Daher meine Empfehlung: Runter vom Sofa! Rein ins echte Leben! Rauf auf die Lebensbühne! Arbeiten Sie an sich, in sich. Gehen Sie raus, statt nur ins Internet. Treffen Sie Menschen, die Ihnen auf Ihrem Weg weiterhelfen und Ihnen wertvolles, echtes und respektvolles Feedback geben. Instagram usw. sind prima, doch im Kern eine reine Vermarktung, Selbstinszenierung. Das sind keine echten Freunde. Echte Freunde sind im Real Life für Sie da, gehen mit Ihnen in den direkten Austausch.

Haben Sie sehr gute Freunde um sich? Wahre Freunde sind ehrlich und sprechen mit Ihnen aus dem Herzen heraus ganz offen. Doch ist das tatsächlich so? Sicherlich kennen Sie nachfolgende Situation: Sie führen mit einem Freund/einer Freundin ein vertrauliches Gespräch. Er/ sie kennt Sie z. B. über viele Jahre, Ihre Verhaltensweisen, positiv wie negativ. Und jetzt fragen Sie ihn z. B., wie er Sie in Konfliktsituationen wahrnimmt. Die ehrliche Antwort kann manchmal wehtun, doch genau dieser kleine

Schmerz der Ehrlichkeit schafft neue Wege, um über sich selbst nachzudenken. Das kann neue Gedanken fördern, ein Reflektieren und ein verändertes Verhalten auslösen. Wenn Sie so einen Freund an Ihrer Seite haben, dann beglückwünsche ich Sie, denn diese Art von Freunden ist rar gesät. Doch nicht jeder möchte herausfordernde Themen mit dem besten Freund oder der besten Freundin teilen. Hier gibt es eine andere Möglichkeit.

Eine Alternative sind Berater und Coaches. Sie haben einen großen Mehrwert im Vergleich zu Freunden. Ich erkläre Ihnen auch gleich warum. Freunde sind super und auch wichtig. Doch es gibt einen kleinen Haken bei der ganzen Sache. Während Freunde kostenlos Hilfe leisten, ist hier immer die Gefahr gegeben, dass auch Freunde keine Veränderung haben möchten und dann nicht mehr objektiv sind. Freunde können somit geheime und beste Kumpels Ihres inneren Schweinehundes sein. Beste Freunde können Sie folglich auch daran hindern, sich positiv und in eine andere Richtung zu verändern. Veränderung ist dann auf beiden Seiten gefordert. Das ist wenig bequem. Freunde spiegeln den aktuellen Status quo Ihres Lebensbereiches wider, und wie wir Menschen als Gewohnheitstiere so sind, wir wollen wenig bis keine Veränderung. Sie können uns in unserem Entwicklungsfluss sogar mehr hemmen als fördern. Ich empfehle Ihnen daher, sich bei wichtigen Themen einen neutralen Berater oder Coach (beruflich wie privat) zu suchen. Dieser zeigt Ihnen wertvolle Perspektiven auf und geht mit Ihnen auf Ihrem Lebensweg voran. Sie erhalten auf professionelle Art und durch viele Tools aktive Hilfestellung. Fundierte, strukturierte Gespräche unterstützten Sie im weiteren Vorangehen und in Ihrem Verhalten.

Trainings runden das Ganze ab, können das Erarbeitete sehr gut ergänzen. In Trainings treffen Sie auf unterschiedliche Menschen mit dem gleichen Ziel wie Sie, durch

Impulse neue Sichtweisen zu schaffen, diese zu erfahren und anzuwenden. Dadurch entwickeln Sie sich ebenfalls weiter. Trainings schenken Ihnen die Lockerheit, Sie selbst zu sein und mit Mehrwert an sich zu arbeiten. Nutzen Sie Ihre Möglichkeiten für inneres Wachstum. Sobald Sie aktiv in sich wirken, an sich arbeiten, werden im Außen selbst kleine Schritte erfolgreich wahrgenommen und widergespiegelt. Neue Perspektiven tun sich auf.

Bleiben Sie daher bitte am Ball! Lernen Sie, sich stetig weiterzuentwickeln. Das ist heute wichtiger denn je, gerade im geschäftlichen Bereich. Nur durch Offenheit, Selbstreflexion nehmen Sie Neues auf und können es umsetzen, an sich arbeiten. Das ist in unserer, sich stark wandelnden digitalen, Welt die Basis, um sich durch eigenes Vorangehen auf die Zukunft gut vorzubereiten. Es geht um geistige Flexibilität, Offenheit, Wachstum. Denn Ihre Verhandlungspartner werden nicht nur Menschen sein, sondern Roboter, Bots und vieles mehr. Ich spüre schon Ihre bohrenden Fragezeichen … Nein! Sie schielen jetzt nicht schon wieder sehnsuchtsvoll und aus Gewohnheit rüber zu Ihrem alten Alltagssofa, zu Ihren altgedienten Gewohnheiten! Sie gehen direkt zu Ihrem Lebensfenster und schauen raus, raus auf die vor Ihnen liegenden Chancen! Da draußen spielt sich das Leben ab! Mit allem, was es zu bieten hat. Runter vom Sofa, raus ins Leben! Jetzt!

3

„Weichspüler" und „Kalkablagerungen"

Ja, die Kommunikation, das ist ein wunderbares Thema. Wenn es doch damit so einfach wäre, so als würde man einen Weichspüler kaufen, diesen entsprechend einsetzen, mit der Wirkung, dass alle Vertragsparteien in Gesprächen sofort weichgespült würden und wir in einem hohen Maß glücklich, mit dem für uns relevanten Verhandlungsergebnis aus dem Meeting herausgehen könnten. Das wäre doch einmal etwas, oder? Keine großen Gesprächsrunden, keine Konflikte, keinen Ärger, einfach ein wunderbares Ergebnis, das Wohlgefühl auf der Haut hinterlässt. Wenn Sie kurz die Augen schließen, werden Sie gleich die Werbung für Weichspüler, die täglich im Fernsehen flimmert, vor Ihrem geistigen Auge sehen, mit dem neuen Slogan „Jetzt ganz neu mit Mizellenwasser für porentiefe Reinigung". Sie riechen förmlich den Duft Ihrer frischen Wäsche und das Wohlgefühl keimt in Ihnen auf, so wie in Kindertagen. Befreit. Fröhlich. Beschwingt.

© Springer Fachmedien Wiesbaden GmbH, ein Teil von Springer Nature 2020
C. A. De Brabandt, *Verhandeln für Jedermann,* Fit for Future,
https://doi.org/10.1007/978-3-658-27239-5_3

Sie kennen mich ja jetzt schon ein wenig, und ich höre Sie unverhohlen ein wenig seufzen. Denn jetzt hole ich Sie erneut auf den Boden der Tatsachen zurück. Weg vom Duft, weg vom Haushalt, der Wäsche und zurück zu unserem Thema, dem „Weichspüler". Sie, liebe Leser/innen, wissen alle, wie man wäscht, und benutzen auch Weichspüler. Richtig? Weichspüler machen die Wäsche zwar weich und duftig, so wie wir auch unsere Verhandlungspartner, sei es privat oder beruflich, gerne hätten, doch Weichspüler haben auch den Nachteil, dass die Wäsche knittert und man mehr zu bügeln hat, vor allen Dingen, wenn man sie nicht sofort aus der Waschmaschine holt. So geht es uns auch in der Verhandlungskommunikation. Erst ist es im Gespräch „weich, duftig, flauschig" und im Nachgang kann es „knittern" mit der Folge, dass wir etwas „glattbügeln" dürfen. Doch wie gelingt uns nun eine gute Kommunikation ohne massiven Schleudergang? Weichspüler, harte Fakten. Wo ist denn da bitte die Mitte?

3.1   Erkenne dein Waschprogramm und deine Weichspüler

Frage: Wer sind Sie, welcher Typ? Sind Sie jemand, der mit Waschbrett die Wäsche durchrubbelt, weil Sie gerade auf dem Nachhaltigtrip sind? Waschen Sie Ihre zarte Wäsche bei Handtemperatur im Waschbecken? Oder sind Sie vielleicht der/die Robuste, der/die gnadenlos alles bei 60 Grad in die Waschmaschine lädt und sich hinterher wundert, warum so manches Teil im Miniformat wieder herauskommt, und flucht? Merken Sie etwas? Man darf sich, bevor man „das eigene Waschprogramm" startet, einmal fragen, was denn die vorhandenen Grundlagen sind. Das Ziel ist uns klar: Wir wollen saubere Wäsche!

Doch der Weg dahin kann unterschiedlicher nicht sein, je nachdem, mit welcher Intention man es angeht. Das ist so wie mit der Verhandlungsvorbereitung und damit verbundenen Gesprächsführung. Sie sollten sich immer fragen: Wen habe ich vor mir, wie heiß wird gewaschen, welches Schleuderprogramm kann eingeschalten werden, welche Waschmittel verwende ich, welchen Weichspüler setze ich ein, brauche ich überhaupt einen, und welche Wasserhärte liegt zugrunde? Zugegeben, ich muss schmunzeln, bei diesem Vergleich tun sich Frauen beim Lesen etwas leichter, es sei denn wir haben einige Herren, die sich aktiv mit „Wäsche waschen" beschäftigt haben oder eine Liebe für Konstruktion und Entwicklung einer Waschmaschine hegen.

Gehen wir davon aus, dass wir die Grundparameter kennen (also wer vor mir sitzt, was das Ziel ist, welchen Handlungsspielraum ich habe), was noch lange nicht heißt, dass wir mit wehenden Fahnen und flatterndem Schal den Verhandlungssieg einfahren. Denn auch wenn alles noch so schön vorbereitet ist, sobald wir uns unserer eigenen, machtvollen Sprache nicht bewusst sind, kann ein Gespräch genau dann scheitern, indem wir sogenannte Weichspüler oder Weichspülerworte in unserer Kommunikation einsetzen. Dies zu erkennen, sich deren Bedeutung bewusst zu sein ist das A und O. Weichspüler haben einen Nachteil in der Kommunikation: Sie machen unsere Aussagen „weich". Was weich ist, ist biegsam, dehnbar, hat keine Grenze mehr – und ehe wir uns versehen, sind wir in einer Verhandlung an einem Punkt, an dem wir niemals sein wollten. Nicht wir haben die anderen weichgespült, unsere Interessen vertreten, unser Ziel erreicht, nein, wir wurden weichgespült, zurückgedrängt! Das ist wie bei Monopoly spielen, wenn es heißt: „Gehen Sie zurück auf Los und ziehen Sie keine 4000 EUR ein." Dabei waren wir doch so nett, charmant, hatten alle zu besprechenden

Punkte auf dem Radar und jetzt so etwas! Wir bekommen eine klare Ansage ohne Möglichkeit in Form eines Konsenses. Ein Tag der hängenden Schultern, eines verfehlten Ziels und/oder eines angeknacksten Egos. Das kann es ja wohl nicht sein! Das ist so, als würde man weiße Wäsche mit Grauschleier aus der Maschine holen, weil sich dort eine dunkle Socke mit eingeschlichen hat.

Wie kommt es dazu? Wir haben uns doch mit Trainings persönlich vorbereitet, sind uns über unser Ziel klar geworden, haben Fakten für die Zielerreichung (sei es beruflich oder privat) notiert; wissen, was wir erreichen wollen, kennen die Randbedingungen. Und trotzdem klappt es nicht! Warum nur? Hat uns unser Verstand ein Schnippchen geschlagen und uns auf den alten Verhandlungspfad des Gewohnten zurückgeschubst, weil wir das so gut kennen? An was lag es denn? Das sollten Sie sich in diesen Situationen beherzt und offen fragen. Wenn Sie an diesem Punkt bereits erkennen, dass Sie in ein altes Verhaltensmuster, verbal wie nonverbal, zurückgerutscht sind, Ihre Kommunikation nicht eindeutig war, erhalten Sie eine neue Chance, das zu reflektieren und beim nächsten Mal besser zu machen.

Gelangen Sie allerdings immer wieder an denselben Punkt, dass Sie weder vorankommen noch eine positive Entwicklung erkennen, dann ist es an der Zeit, sich aktiv mit sich selbst zu beschäftigen, an sich zu arbeiten. Wer sich, seine Werte, seine Grenzen gut kennt, kann sich selbst, seine Ziele vertreten.

Fragen Sie sich außerdem:

„Wieso gerät ein Meeting in der Kommunikation in Schieflage? Wann beginnt es in der Verhandlung zu kippen? Welche Motivation steckt bei mir dahinter, mich z. B. auf kein aktives Einfordern einzulassen? Bin ich wieder in die Nettigkeitsschiene gerutscht, statt für mich und meine

Themen einzustehen, sei es als Mann oder Frau? Will ich von allen gemocht werden oder setze ich meine Interessen durch? Was hindert mich aktiv daran, ich selbst zu sein, für mich und meine Interessen einzustehen?"

Man wird täglich herausgefordert an dieser inneren Kommunikation, Haltung zu arbeiten. Das hört nie auf, bis zu Ihrem Lebensende. Es tut mir wirklich leid, dass ich erneut mit Fakten um die Ecke komme. Doch so ist das nun einmal. Da können Sie so viel an Ihr Alltagssofa, an Ihren inneren Schweinhund und Ihre Bequemlichkeit denken, wie Sie möchten. Kein Handeln ist auch ein Handeln, jedoch mit der Konsequenz, dass Sie nicht aktiv das Leben gestalten, sondern Ihr Leben gestaltet wird. Wollen Sie das auf Dauer? Sind Sie sich Ihres Denkens, Handelns selbst-bewusst? Die vermeintliche Flucht in einen normierten Alltag, immer wiederkehrende Schemata nützt Ihnen daher wenig, irgendwann schubst das Leben Sie zurück in Situationen, die so lange wiederkehren, bis Sie daraus gelernt haben, nämlich Ihre Kommunikation zu verbessern, an sich zu arbeiten und ein neues Lebenslevel erreichen. Ich sage nur das Stichwort Monopoly oder ungewollter Schleudergang bei 90 Grad.

3.2 Weichspülworte

In der Kommunikation gibt es sogenannte Weichspüler, Weichmacher, allgemeine Formulierungen und die berühmten Konjunktive, die von uns z. B. gerade in Stresssituationen, wenn es brenzlig für uns und unser Anliegen wird, eingesetzt werden. Achten Sie daher auf Ihre Worte, Ihre Kommunikation. Beobachten Sie sich selbst, was und wie Sie etwas formulieren. Es gibt starke Worte, Argumente und es gibt die „Weichspüler". Die

Weichspüler schwächen uns sehr in unserer Argumentation. Kommt noch eine schwache Körpersprache, fehlende Präsenz dazu, dann entziehen wir uns bereits vor und in der Verhandlung eine solide Basis für den eigenen Erfolg.

Beispiele/Wörter: könnte, würde, möchte, sollte, hätte, wollte, müssen, nicht, Probleme, glauben, versuchen, probieren, alle, keiner, niemand, man, jede(r), eine(r), der, die, die Gesellschaft, eigentlich, vielleicht, irgendwie, gegebenenfalls, im Prinzip, normalerweise, grundsätzlich, ich habe ja nur, ich bin ja kein Experte, aber…

Klar formulieren

Stellen Sie sich folgende Situation vor: Sie sind Führungskraft und haben einen Mitarbeiter, der zum neunten Mal in Meetings sitzt, sein Smartphone aktiviert und E-Mails liest, ohne sich auf Ihr Meeting zu konzentrieren. Hier ist es kontraproduktiv, wenn Sie sich wie folgt äußern:

„Herr/Frau Meier, ich würde mich eigentlich schon sehr freuen, wenn Sie irgendwann mal Ihr Handy beiseite legen oder eventuell ausschalten könnten."

Dieser geäußerte Satz lässt viel Interpretationsspielraum für das Handeln des Mitarbeiters.

Überlegen Sie, wie Sie diesen Satz klar und unmissverständlich formulieren, um die richtige Handlung beim Mitarbeiter auszulösen. Wie formulieren Sie?

Tipps

- Verwenden Sie keine Weichspüler; formulieren Sie Ihre Anliegen klar und deutlich. Dadurch vertreten Sie sich mit Überzeugungskraft. Beispielsweise „Ich schlage vor, dass wir das Thema XY zurückstellen und zu Punkt 5 auf der Tagesordnung übergehen."
- Formulieren Sie aktiv statt passiv, wählen Sie kurze Sätze. Es gibt hier eine kleine, feine Regel, die lautet: Der ideale Satz hat sieben Wörter. „Ich bin dafür, die Auswertung inhaltlich zu überarbeiten."

- Bilden Sie gedanklich Absätze. Damit ist gemeint, dass Normalsprechende zwischen 120 und 140 Wörter pro Minute schaffen, bezogen auf kurze und mittellange Sätze (ungefähr zehn bis zwölf Sätze). Sachverhalte lassen sich damit sehr gut beschreiben. Dies schafft Raum beim Gesprächspartner, um sich einzubringen.

- Machen Sie Pausen beim Sprechen, denn für die Vermittlung Ihrer Botschaft geht es auch um die Verständlichkeit des Gesagten, den Sprechrhythmus und die dazugehörigen Pausen, gerade nach sehr wichtigen Worten mit Signalwirkung.

- Achten Sie auf die gewählten Worte und hinterfragen Sie die Kommunikationsbasis Ihres Gegenübers in Gesprächen. Um eine gemeinsame Kommunikationsbasis für die Verhandlungen zu schaffen, ist es wichtig, mir darüber klar zu sein, wer mir gegenübersitzt, welches Fachjargons sich mein Gesprächspartner bedient.

- Verwenden Sie viele Fachwörter oder Hauptwörter, die mit den Endsilben -enz, -ismus, -ität, -keit, -tur, -ie, -heit enden? Verzichten Sie möglichst darauf. Beispielsweise das Wort „Projektkulturoptimismus". Das Wort hat viele Silben und ist somit wesentlich schwerer zu verstehen als eine erklärende Umschreibung, z. B.: „Viele Teilnehmer sind dem Projekt gegenüber aufgeschlossen."

- Sagen Sie auch häufig das Wort „müssen"? Das löst beim Gegenüber, vor allen Dingen, wenn es sehr häufig gesagt wird, massiven Druck und ggfs. gleich Widerstand aus: „Wir müssen den Umsatz erreichen." Besser: „Wir wollen gemeinsam den Umsatz erreichen."

- Das Wörtchen „oft" kann auch entsprechend eingesetzt werden. Nehmen wir folgende Situation an: Ein Mitarbeiter von Ihnen sagt: „Ich kann den Kunden oft einfach nicht überzeugen." Jetzt können Sie sich wie folgt äußern: „Was heißt hier oft? Wie oft am Tag? Wie oft im Monat?" Bei diesen Fragen würde sich jeder Mitarbeiter unwohl fühlen, es als eine Kritik werten, dass er/sie keine gute Leistung bringt. Die Folge: innerer Rückzug, die Aussage wird als Kritik gewertet. Eine Möglichkeit zu antworten ist: „Ja, ich frage mich ebenfalls gerade, woran kann es oft liegen, die Kundenwünsche nicht genau zu verstehen? Was sind mögliche Gründe?". Es löst beim Mitarbeiter den Impuls aus, über das Thema nachzudenken. Von dieser Frage leitet man in einen Dialog über und kommt im besten Fall zu einer guten, gemeinsamen Lösung.

- Nutzen Sie Ihren „Brustton", um Ihre Botschaft klar und unmissverständlich zu vermitteln. Fragen Sie sich, ob Sie währenddessen z. B. stabil stehen, eine gerade Körperhaltung haben. Auch das wirkt bei der Übermittlung Ihrer Botschaft.
- Auch die Länge des Sprechens spielt eine Rolle. Wichtige Botschaften sollen immer kurzgefasst vermittelt werden; es dient der besseren Verständlichkeit. Beziehen wir das Gegenüber oder die Gesprächspartner in unsere Botschaft nicht aktiv mit ein und reden wir 90 Sekunden am Stück, sinkt die Aufmerksamkeit rapide. Die Reaktion erkennen wir nur an nonverbalen Signalen. Dies veranlasst uns dann in den Gesprächen, vielleicht noch ein „Schippe drauf" zu legen, also noch mehr zu sprechen, noch besser zu erklären mit der Folge, dass noch weniger zugehört wird. Daher ist es wichtig, die Personen immer wieder aktiv in das Gespräch mit einzubeziehen.

Prüfungsvorbereitung

Sie sind Dozent an einer Weiterbildungsakademie und haben zweimal in der Woche Abendunterricht, der um 18:00 Uhr beginnt und um 21:15 Uhr endet. Ihre Teilnehmer kommen müde und ausgelaugt von der Arbeit, mit dem Ziel, ihren Abschluss z. B. als Handelsfachwirt zu machen. Die Konzentration ist nach einem langen, ermüdenden Arbeitstag im Keller. Dazu kommt die Generation Z mit den Ansprüchen, sich mit minimalsten Mitteln einzubringen und am liebsten über die Ziellinie der Prüfung getragen zu werden. Keine leichte Situation.

Beide Seiten haben Ihre Ansprüche und Ziele. Wie gehen Sie jetzt vor? Sie als Dozent haben einen zu erfüllenden Rahmenlehrplan und eine müde Gruppe vor sich sitzen. Sie möchten das viele Wissen gut und anwendbar vermitteln, immer mit dem Blick auf die Prüfungsinhalte. Die Gruppe möchte Entertainment und nur alle relevanten Fakten, um die Prüfung zu absolvieren, um dann zügig die nächste Karrierestufe zu erklimmen, und das mit möglichst geringem Aufwand. Würden Sie mit der Gruppe überhaupt verhandeln? Oder wie wäre Ihre Entscheidung? Wie erreichen Sie das vorgegebene Ziel, dass alle auf die Prüfung gut vorbereitet sind?

a) Sie können den Wunsch erfüllen, doch es gelingt Ihnen dann nicht, alle Themen im Rahmenlehrplan so intensiv durchzunehmen, wie Sie sollten, mit der Folge, dass das Wissen oberflächlich transferiert wurde, die Prüfung vielleicht geschafft wird, aber die Wertigkeit der bestandenen Prüfung abnimmt und das nötige Wissen nicht mit der Praxis verquickt angewandt wird. Dafür bekommen Sie als Dozent eine gute Wertung. Sie waren ja so nett.

b) Der andere daraus resultierende Fall könnte sein, dass die Absolventen zwar einen „Schein" haben, dennoch durch die fehlende Aneignung von Wissen am Transfer in die Praxis scheitern und der Abschluss an Wertigkeit abnimmt, weil die Unternehmen merken, dass es ein Titel ohne Substanz ist. Das hat zur Folge, dass die Wertigkeit und Akzeptanz in der Wirtschaft abnimmt und dies auch Konsequenzen in Bezug auf die Akademien und Weiterbildungspartner haben kann.

c) Sie halten sich an den Rahmenlehrplan zur Lernstoffvermittlung, ziehen die vorgegebenen Themen akkurat durch, weisen darauf hin, dass die Rahmenlehrplaninhalte vermittelt sein müssen und wertvoll für die Prüfung sind. Sie werden zwar von Ihren Teilnehmern nicht zu 100 % gemocht, was sich jedoch bis zum Tag der Prüfung dann ändert, weil die Teilnehmer erkennen, dass der Unterricht wertvoll, wichtig war und sie durch das vermittelte Wissen die Prüfung bestehen.

d) Sie diskutieren mit der Gruppe, wie eine gemeinsame Zusammenarbeit sein kann, erarbeiten sich Regeln des Miteinanders, des Lerntransfers und stellen dann, nachdem Sie sich viel Zeit dafür genommen haben, fest, dass dies nur die Spitze des Eisbergs war und weitere Forderungen auf Sie einprasseln, was weder sinnstiftend noch zielführend ist. Sie fangen wieder bei null an und die Zeit läuft, der Wissenstransfer zu 90 bis 100 % rückt in die Ferne.

e) Sie denken sich: „Nach mir die Sintflut! Es ist mir egal, ich ziehe es so durch, wie ich es immer durchgezogen habe. Damit bin ich auf der sicheren Seite."

Für welche Art der Kommunikation und Verhandlung entscheiden Sie sich im oben genannten Fall? Wie wäre Ihre Verhandlungsstrategie? Welche Konsequenzen ergeben sich aus der von Ihnen getroffenen Entscheidung? Wie würden Sie in diesem Fall kommunizieren oder sich verhalten? Sie haben eine Gruppe mit Gruppendynamik gegenüber und sind dennoch als Dozent aufgefordert, auf sich zu achten und mit der Gruppe zu arbeiten, mit Blick auf das Ziel, dass die Prüfung bestanden und ein solides Fundament an Fachwissen gelegt wird. Wer gewinnt? Wir freuen uns in diesem Fall über Ihre Rückmeldungen, Erfahrungen und Erlebnisse.

3.3   Spurenlesen in der Waschtrommel (Kunde)

Kommunikation erfolgt immer verbal und nonverbal. Durch Stimme, Mimik, Gestik, Worte, Körperhaltung bzw. -sprache. Was auch noch eine wichtige Rolle dabei spielt, ist unsere Intuition. Wenn Sie mit jemandem zusammensitzen, in Gesprächen oder in Verhandlungen sind, dann ist es wichtig, Ihr Gegenüber wahrzunehmen, sich hineinzufühlen. Wer sitzt vor mir? Was bewegt meinen Gesprächspartner? Was sind seine Motivatoren für das Gespräch? Was ist seine Intention? Fragen Sie sich ebenfalls: Was will ich erreichen, was ist mein Ziel? Wie fühle ich mich selbst gerade in dieser Situation? Was und wie nehme ich mich selbst wahr? Wie äußert sich die Verhandlungs-/Gesprächssituation in mir, welche Emotionen werden ausgelöst? Bin ich voller Vorfreude, vielleicht sportlichem Kampfgeist oder habe ich Befürchtungen, vielleicht Ängste?

Liebe Leser/innen, Wahrnehmung ist wie Spurenlesen in der Waschtrommel. Manchmal findet man die Spur, die Fährte und weiß sofort, wohin das Gespräch führt – Hauptsache nicht in den Schleudergang! Das ist auch wie beim Wäschesortieren, nicht jede Wäsche mag hohe Temperaturen! Achten Sie dabei auf Ihr aufkeimendes Gefühl, wenn Sie im Gespräch sind – es liegt meist richtig und gibt Ihnen wertvolle Tipps. Damit haben Sie die Möglichkeit für eine solide Gesprächsführung und Konsensbildung. Doch manchmal tappt man völlig im Dunkeln und darf regelrecht wie ein Detektiv eruieren, wie man an den Kunden herankommt, was seine Intention ist. (Wie beim Weichspülmittel, es verspricht auch manchmal viel, hält meist aber nicht, was Werbung einem suggeriert.) Daher gilt: Nicht nur die Verpackung (= Gesprächspartner) zählt, sondern der Inhalt!

Der nächste Schritt ist, auf einer soliden Basis das Gespräch in (einen Wasch-)Gang zu bringen, peu à peu voranzugehen. Allerdings weiß man in diesem Stadium noch nicht, ob sich der bisherige Einsatz gelohnt oder man wertvolle Zeit, Ressourcen und Energie verbraucht hat. Ob es sinnvoll ist, mein Ziel, die Fährte in der Form weiterzuverfolgen, oder ob ich mir überlegen sollte, ob sich der hohe Einsatz noch lohnt. Wenn es sich lohnt, dann bleiben Sie am Ball, auf Ihrem Pfad, stellen Sie eine vertrauensvolle Basis her, versetzen Sie sich in Ihr Gegenüber, um ein gutes Gespräch aufzubauen. Lohnt es sich nicht, dann setzen Sie Ihre Zeit, Kraft, Energie für andere bzw. neue Themen ein.

„Ein Ziel ist, wenn man sich selbst im Klaren ist, was man für sich erreichen möchte und welche Mittel man einsetzt, um es zu erreichen. Bleiben Sie fokussiert."

Verhandlungsgespräch

Sie, Mitte 40, arbeiten als Managerin und sind für ein Verhandlungsgespräch in einen Konzern eingeladen. Ihr Ziel ist es, die Ware und Dienstleistung zu einem günstigen Preis einzukaufen und dies vertraglich zu fixieren. Je mehr Sie für das eigene Unternehmen einsparen, umso höher fällt Ihr Bonus zum Geschäftsjahresende aus. Ein Grund zum Jubeln. Sie sind vom Typ her ein herzensguter Mensch, doch im Business können Sie auch anders sein, Sie sind ambitionierte Jägerin und keine Sammlerin. Sie legen Ihre Spur so, dass man Ihnen schon im Vorfeld aufmerksam folgt.

Am Tag der Besprechung schmeißen Sie sich in ein wunderschönes, dunkelblaues Businesskostüm. Die Haare sitzen, das Make-up ist perfekt, der Mund ist mit rotem Lippenstift garniert. Die hohen Schuhe machen Ihre Beine lang, der Rock reicht, wie es sein soll, bis zum Knie. Die Fingernägel sind rosefarben lackiert, die Augen strahlen und werden durch Lidstrich, Wimperntusche noch verstärkt. Ein Hauch von Rosé umspielt Ihre Wangen. Und jetzt setzen Sie eins drauf, um Ihr männliches Gegenüber schachmatt zu setzen. Sie tragen ganz gezielt eine weiße Bluse, die Ihren BH, mit spitzenbesetztem Rand, hervorblitzen lässt. Gezielt setzen Sie Ihren weiblichen Charme beim Meeting ein. Ein fester Händedruck, dazu ein beherztes, strahlendes Lächeln, Ihre Hüften wiegen sich weich bei jedem Schritt, Ihr Duft umgarnt die Nase des Gegenübers. Ihre Tasche ist gefühlt so schwer, dass Sie diese in die starken Arme eines Mannes legen „müssen". Die Männer lassen Ihnen natürlich gentlemanlike den Vortritt, um Ihnen von hinten auf den Po zu sehen, Ihren grazilen Gang zu verfolgen, und öffnen Ihnen galant die Türen. In Ihrem Tun fühlen sich die Männer in Ihrer Männlichkeit bestärkt. Einfach großartig! Der Testosteronhaushalt läuft grandios auf Hochtouren und verpasst dem Mann für dieses kleine Zusammentreffen eine Verjüngungskur, der Duft von Frühling und Parfum umgarnt ihn, das Gehirn läuft auf Notstrom und statt Worten nimmt er nur noch die Weiblichkeit wahr. Entzückt und entrückt folgt er Ihnen ins Gespräch und vergisst, um was es im Grunde genommen an diesem Tag geht.

Die Konferenztür öffnet sich, Sie gehen gezielt in das Zentrum der Macht und setzen sich in die Mitte. Dort schlagen Sie nonchalant und elegant Ihre Beine übereinander, nehmen eine gerade Körperhaltung ein, Ihre weiblichen Rundungen und Ihr verführerisches Outfit, Ihr Parfum lenken den Gesprächspartner ganz gezielt ab. Die Zahlen spielen kaum noch eine Rolle, denn Dekolleté, Beine, Lächeln, Haare, Fingernägel und Ihr charmantes Auftreten überfordern den männlichen Part. Sie führen gezielt durch die Punkte und gewinnen den Einkaufspart für sich, während die Männerwelt, längst nachdem Sie weg sind, immer noch von Ihrer Weiblichkeit und Ihrem Dekolleté schwärmen. Mit weiblichen Waffen, fachlichem Know-how und Charmeoffensive wurde das Ziel gesetzt, verfolgt, erreicht. Der Award der weiblichen Charmeoffensive zur Zielerreichung in der verbalen wie nonverbalen Verhandlungsführung geht hier ganz klar an die Frau. Satz und Sieg!

Dieses wunderbare Beispiel zeigt auf, dass man durch non-verbales Verhalten viel erreichen kann. Untermauert man das zusätzlich mit hoher fachlicher Kompetenz, steht einer guten Verhandlungsführung nichts im Weg. Wer kann, der kann.

Hier ein weiteres, lustiges Beispiel für Kommunikation, Wahrnehmung und Umsetzung mit einem kleinen Augenzwinkern:

Auf der Straße

In Franken zum Beispiel gibt es den wunderbaren, umgangssprachlichen Ausdruck „Fahr halt", den ein Autofahrer oder/und dessen Beifahrer von sich geben, wenn ein Auto vor ihnen fährt. Nehmen wir einmal an, Sie sitzen ebenfalls auf dem Rücksitz mit im Auto. Was verstehen Sie unter dieser Aussage? Noch einmal: „Fahr halt". Wie interpretieren Sie das? Was leiten Sie daraus informativ ab? Soll das vorausfahrende Auto schneller fahren, der Fahrer auf die Tube drücken? Soll er halten? Ist es eine wutentbrannte Aussage, ein Befehl oder vielleicht nur ein Kommentar? Was meinen Sie?

In unserem fränkischen Fall ist damit gemeint „Fahr halt (zu)". Das „zu" wird sich allerdings bei dieser Aussage gedacht und soll eine, Aufforderung sein, das der Vorausfahrende endlich Gas geben soll, damit der Nachfahrende zügig seinen Weg fortsetzen kann.

Ob diese Aussage im Auto, die der Vorausfahrende nun einmal nicht hören kann, sinnvoll ist, darüber könnte man ein weiteres Buch schreiben oder diskutieren. Ich wollte Ihnen diese kleine, regionale Besonderheit nicht vorenthalten und für einen Schmunzler sorgen, nicht dass Sie mir beim Lesen auf Ihrem „Alltagssofa" mit Ihrem „inneren Schweinehund" einnicken.

Ich freue mich, wenn ich Sie jetzt mit einem Lächeln oder Grinsen beschenkt habe. Denn das Buch soll ja nicht nur auf Fakten beruhen, sondern auch Spaß beim Lesen machen. Deshalb gebe ich noch ein weiteres Beispiel zum Besten.

Im Möbelhaus

Ein Ehepaar besuchte ein großes Möbelhaus und sie sind einfach nur gemütlich durchgeschlendert. Beide, sehr nachhaltig geprägte Menschen, blieben bei ihrem Gang durch das Möbelhaus in der Teppichabteilung bei einem wunderschönen, handgeknüpften, persischen Teppich stehen. Er war so schön geknüpft, die Farben waren so wundervoll, dass es eine Wonne für das Auge war und sprichwörtlich für Aufsehen sorgte. So standen die beiden davor und bewunderten das gute Stück, ohne die Absicht, diesen Teppich zu kaufen.

Der Verkäufer, nichtsahnend, witterte jedoch bei der gut gekleideten Kundschaft gleich Beute, nahm sofort ein Gespräch auf und legte mit seinen Argumenten los. Der Teppich sei handgeknüpft, 100 % Baumwolle, die Knotenzahl ca. 350.000. Der Teppich sei in einem Topzustand. Herausragend seen die seltene Farbe und die feinste Knüpfung. In diesem Meisterstück verschmelzen Kunst und Kultur für das Zuhause. Er verleihe dem Raum einen neuen Glanz. Ein Echtheitszertifikat sei ebenfalls mit dabei usw. Der Verkäufer redete sich warm. Das Ehepaar sagte, es sei nicht interessiert und drehte sich um, ging zur Rolltreppe. Der Verkäufer legte sofort nach: „Sie bekommen 5 % Preisnachlass, wenn Sie ihn mitnehmen." Das Ehepaar fuhr die Rolltreppe herunter. Der Verkäufer sprang mit auf die Rolltreppe, fuhr mit, heftete sich an die Fersen des Ehepaares und redete munter weiter. Stockwerk für Stockwerk, vom sechsten Stock des Gebäudes bis zum Erdgeschoss. Bei jeder neuen Runde nach unten gab er Rabatt. Im Erdgeschoss

> angekommen waren es satte 35 %. Hat er den Teppich ver-
> kauft? Hat er mit dem Ehepaar verhandelt? Was meinen
> Sie?
>   Das Ehepaar hatte nie die Absicht, den Teppich zu kau-
> fen, und ihn somit auch nicht genommen. Doch die beiden
> fanden es bemerkenswert, dass so ein immenser Preis-
> nachlass möglich gewesen war.

Wiederholen wir kurz, was ich oben geschrieben habe:

* Es ist wichtig, auf einer soliden Basis ein Gespräch in
  Gang zu bringen, peu à peu voranzugehen, darauf zu
  achten, ob sich ein Einsatz lohnt und es sinnvoll ist, das
  eigene Ziel weiterzuverfolgen.
* Dazu sollte mir klar sein, wie ich taktiere und wo meine
  finanziellen, persönlichen Grenzen liegen.

Ich veranschauliche Ihnen das anhand folgender
Geschichte:

> **Bild kaufen**
>
> Sie sind gerade umgezogen, gestalten Ihre Wohnung neu.
> Sie haben zu Hause eine große, weiße Wand und wissen
> bereits, dass Sie gern ein Gemälde dort aufhängen möch-
> ten. Doch wie es so ist, manchmal braucht es seine Zeit,
> bis sich das Passende findet. An einem Samstag schlendern
> Sie in einem wunderbaren Kulturviertel in einer Großstadt
> durch die Straßen und bleiben am Fenster einer kleinen
> Galerie hängen. Sie sehen ein Bild, das genau an Ihre weiße
> Wand passt, zu 100 %, und wissen: „Das kaufe ich mir!"
>   Zwei Szenarien sind jetzt möglich, mit unterschied-
> lichem Ausgang:

Kauf eines Bildes

Fokussiert, zielorientiert	Aus dem Bauchgefühl heraus
Sie gehen in den Laden, schauen sich um. Bleiben in der Nähe Ihres gewünschten Bildes stehen, schauen sich allerdings das Bild daneben an und spielen Begeisterung, zeigen Faszination, ohne Bezug auf Ihr tatsächliches Wunschbild. Der Verkäufer kommt, freut sich und umgarnt Sie mit Argumenten, ohne zu ahnen, dass Sie das andere Bild haben möchten. Sie lassen ihn zappeln und er umgarnt Sie weiter, immer mit Blick auf einen möglichen Vertragsabschluss, geht allerdings auch nicht mit dem Preis herunter, weil er zu wissen meint, dass Sie das Bild haben möchten. Sie sagen nach einer geraumen Zeit, es sei Ihnen doch zu teuer, was mit dem (Wunsch)Bild nebenan sei, ganz lapidar, ohne große Begeisterung. Und bevor er an diesem Tag gar nichts verkauft, lässt er sich bei Ihrem Wunschbild, ohne es zu wissen, auf einen Handel ein Sie bekommen Ihr Wunschbild zu günstigeren Konditionen.	Sie gehen in den Laden, stürmen zielsicher auf Ihr Wunschbild, stehen völlig versonnen und entzückt davor. Es entfleuchen Ihnen vor lauter Freude Sätze wie „Hach, ist das toll! Das passt ja so perfekt in mein Wohnzimmer. Die Farben, einfach großartig! Das muss ich unbedingt haben! Das wird der Eyecatcher!" Der Verkäufer reibt sich gedanklich schon einmal die Hände, kommt auf Sie zu, und Sie fragen, ob Sie einen Preisnachlass bekommen, wenn Sie das Bild sofort mitnehmen. Der Verkäufer erwidert, er kann leider keinen Rabatt geben, weil dieses Bild so gefragt sei und sich sowieso von selbst verkaufe. Ihre Verhandlungsbasis wurde aufgrund von äußerlich erkennbarer Euphorie zunichte gemacht. Sie verlassen die Galerie mit Bild zum regulären Preis, ohne den möglichen Verhandlungsspielraum und Einsatz für eine Verhandlung genutzt zu haben.

3.4 „Kalkablagerungen" (Einwände) im Gespräch

Wir alle haben eines gemeinsam: Wir wollen ein gutes Gesprächsergebnis auf Basis einer guten Verhandlung erzielen. Doch bevor wir das erreichen, dürfen wir überlegen, wie man Argumente entkräften kann bzw. welche Einwände es gibt. Einwände können aus verschiedenen Situationen heraus entstehen und sind manchmal wie Kalkablagerungen, die man bei unregelmäßiger Kundenpflege schlecht wegbekommt. Es ist sehr wichtig, dass Sie Ihren Kunden ernst nehmen, wahrnehmen und sich überlegen, wie Sie bei Einwänden handeln.

3.4.1 Berechtigte Einwände

Nehmen wir einmal an, der Kunde hat recht. Er möchte z. B. ein Auto kaufen, er ist überzeugt, doch die Lieferzeit ist sehr lang. Geben Sie dem Kunden mit einem „Ja" recht, doch werfen Sie nicht gleich alles über Bord, sondern versuchen Sie den Nachteil mit einem Vorteil auszugleichen. „Ja, Sie haben völlig Recht, die Lieferfrist des Autos ist sehr lang, bedenken Sie jedoch, dass Sie bei diesem Modell einen exzellenten Kundenservice bei uns mit dazubekommen und Sie als VIP-Kunde weitere Vorteile genießen."

3.4.2 Vorurteile

Vielleicht gibt es Kunden, die viel Negatives über Ihr Produkt, Ihre Firma oder Dienstleistung gehört haben. Wenn Sie in diesen Fällen zu stark darauf eingehen, dann zeigt es Ihrem Gegenüber, dass seine Vorurteile berechtigt sind, und Sie bestärken ihn in seiner Abwehrhaltung. Lassen Sie Ihr Gegenüber ausreden oder überhören Sie dessen Einwände einfach. Vielleicht möchte der Kunde einfach nur seinen Frust von der Seele reden, bis die Luft raus ist, oder er braucht aufgrund einer x-beliebigen Situation „Fellpflege", damit meine ich Streicheleinheiten. Nachdem er Luft abgelassen hat, kann man wieder auf das eigene Thema zurückkommen.

3.4.3 Die Seite des Kunden

… ist wichtig. Stellen Sie sich gedanklich in dessen Schuhe, versetzen Sie sich richtig in ihn hinein. Wenn Ihr Gegenüber mit einem klaren Einwand kommt, dann hören Sie sich seine Argumente an, zeigen Sie ihm, dass Sie ihn mit seinem Anliegen, seiner möglichen Kritik verstehen und es nachvollziehen können. Achten Sie dabei sensibel auf das Gespräch, denn Ihr Gegenüber merkt sehr schnell, wenn Sie manipulativ wie der Wolf im Schafspelz in seiner Angelegenheit vorgehen. Dies kann mit einem Satz gesagt werden wie: „Ich kann es nachvollziehen, bitte berücksichtigen Sie …" Vermeiden Sie Begrifflichkeiten wie „Ja, aber …", es gibt den Anschein von „ich habe recht" und kann missverständlich wirken.

3.4.4 Besserwisserei

Verhandlungspartner sind vielfältig und sehr unterschiedlich, manchmal auch sehr empfindlich wie Seide bei 90 Grad in der Waschmaschine. Das kann auf Verkäufer oder Käuferseite sein. Sobald einer von den beiden Verhandlungspartnern arrogant und besserwisserisch während des Verhandlungsgespräches rüberkommt, kann es anfangen zu knirschen. Versuchen Sie sich selbst zu reflektieren bzw. es mit Humor zu nehmen. Überlegen Sie sich, was Sie überhören können und auf welche Fragen Sie sich fokussieren.

3.4.5 Unsachlichkeit versus Sachlichkeit

Ihr Gegenüber versucht Sie absichtlich und mit Unsachlichkeit in die Enge zu treiben, durch Aussagen wie „Sie können meinen Fall gerade überhaupt nicht bewerten" oder „Wie Sie als Unternehmen Ihre Reklamationen abwickeln, das zeigt sich jetzt in meinem Fall. Warteschleifen ohne Ende, kein fester Ansprechpartner, hohe Kosten, keine zuverlässigen Liefertermine und keinerlei Entgegenkommen". Wenn man selbst gerade einen schlechten Tag hat, fällt es zunächst schwer, sachlich zu bleiben, und im Affekt möchte man nur zu gern zurückpfeifen. Stopp! Hier ist es wichtig, dass Sie sich sammeln, kurz gedanklich erden bzw. Luft holen. Hat Ihr Verhandlungspartner recht oder unrecht? Wie nehmen Sie die Aussage gerade auf? Als Vorwurf, als Appell, ist es eine Selbstoffenbarung? Bevor Sie mit einer falschen Tonlage im Gespräch weiter vorangehen, denken Sie daran, keinen Streit zu erzeugen. Überlegen Sie, wo Ihr Gegenüber recht hat, und bleiben Sie sachlich, nehmen Sie Minuspunkte auf. Diese gilt es zu überprüfen und sofern möglich, wenn es berechtigt und möglich ist, abzustellen.

Wir sind alle Menschen mit Gefühlen, auch in unserer Geschäftswelt. Es ist wichtig und richtig, sich immer wieder auf einer gemeinsamen Kommunikations- und Verständnisbasis zu treffen.

4

SMARTes TaZeO – Die richtige Organisation und Gesprächsführung machen es aus!

Nein, „SMARTes TaZeO" ist kein chinesisches Verhandlungstraining in diesem Buch. In unserem Fall ist SMARTes TaZeO eine Abkürzung und Basis für die Organisation eines Verhandlungsmeetings. Warum ist das so wichtig? Ganz einfach, wenn ich mein Ziel erreichen möchte, benötige ich neben SMARTen Zielen (spezifisch, messbar, attraktiv, realistisch, terminiert), Eigeninitiative auch die richtige Location (Tag, Zeit, Ort), den richtigen Rahmen. Es ist wie mit einem Geschenk: Ist es schön verpackt, steigt sofort die Neugierde und macht Lust auf mehr. Genauso verhält es sich mit Verhandlungen.

4.1 Gezielte Vorbereitung, Warm-up

Eine gute organisatorische Vorbereitung ist ein Muss! Stellen Sie sich daher vor dem Meeting folgende Fragen:

© Springer Fachmedien Wiesbaden GmbH, ein Teil von Springer Nature 2020
C. A. De Brabandt, *Verhandeln für Jedermann*, Fit for Future, https://doi.org/10.1007/978-3-658-27239-5_4

- Was ist mein maximales und minimales Ziel?
- Welche Ziele verfolge ich, auf welcher Ebene (inhalt-lich, persönlich)?
- Wie sieht mein Einstieg, mein Angebot aus?
- Sind mein Ziele SMART (spezifisch, messbar, attraktiv, realistisch, terminiert)?
- Auf welcher Verhandlungsposition befindet sich mein/e Verhandlungspartner/in?
- Was weiß ich genau über mein Gegenüber (Vorlieben, Interessen, Sprachbasis, Verhalten, Charakterzüge)?
- Kenne ich das Unternehmen, in dem mein Gegen-über arbeitet (Größe, Umsatz, Gewinn, Marktposition, Kundenstruktur, derzeitige Innovationen, Allianzen mit anderen Geschäftspartnern usw.)?
- Gibt es eine übereinstimmende Basis für die Ver-handlung?
- Was ist unser Ziel, was ist sein Ziel?
- Welche Interessen verfolgt mein Gesprächspartner?
- Wer ist am Verhandlungs- und Entscheidungsprozess beteiligt?
- Mit welchen Einwänden muss ich rechnen? Wie reagiere ich souverän und überzeugend?
- Wie strukturiere ich den Ablauf, die Verhandlung an sich?
- Treffen wir uns persönlich, virtuell oder telefonisch?
- Wo ist der Ort, an dem wir persönlich zusammen-kommen?
- Was brauche ich, um eine angenehme Gesprächs-atmosphäre herzustellen?
- Verhandle ich allein? Verhandle ich im Team?
- Welchen Zeitrahmen setze ich an?

- Bin ich meiner Grenzen und Handlungsspielräume bewusst, fühle ich mich „startklar"?
- Wie transformiere ich aufkommenden Stress in Ruhe und Gelassenheit?
- Wie sieht eine optimale Lösung, im besten Fall mit Win-win-Faktor, aus?
- Wie vermittle ich die Vorteile, die mein Gegenüber durch einen Vertragsabschluss hat?
- Bin ich mir der kommunikativen Ebene, der Sach- und Beziehungsebene bewusst?
- Kommuniziere ich effizient und sachgerecht?
- Führe ich meine Verhandlungen so, dass künftige Verhandlungen und Beziehungen gefördert werden, statt beeinträchtigt zu sein?
- Welches Ziel sollte ich mindestens erreichen (Idealziel)?
- Welches Ziel möchte ich erreichen (Kernziel)?
- Welches Ziel muss ich erreichen (Soll-Ziel)? Denn alles, was unterhalb dieses Ziels liegt, führt zu einem Verhandlungsabbruch.
- Gibt es Konflikte, die ich bereits im Vorfeld wahrnehme, wie gehe ich vor?
- Welche Motive hat mein Gegenüber?
- Welche Interessen habe ich in Bezug auf dieses Gespräch?
- Habe ich gut und faktenbasiert recherchiert?
- Habe ich eine Liste mit Stakeholdern, Abhängigkeiten, Maßnahmen zur Einbindung erstellt, um Chancen zu erhöhen und Risiken zu minimieren?
- Kenne ich die Bedürfnisse meines Verhandlungspartners? Wenn ich seine Needs kenne, diese erfülle und seine Probleme löse, kann ich nur gewinnen.

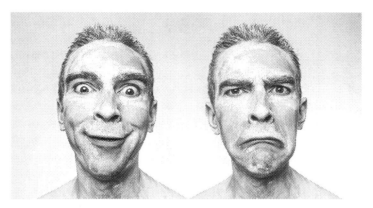

Wir sind alle Menschen mit Emotionen. Daher handeln wir nicht immer rein rational, auch wenn wir das manchmal gerne so hätten. Sicher kennen Sie das Eisbergmodell von Paul Watzlawick. Wir sehen nur die Spitze des Eisberges (20 %), doch nicht den Rest, der sich unter der Wasseroberfläche (80 %) befindet. Die Spitze ist das, was Sie in der Verhandlung wahrnehmen, Zahlen, Daten, Fakten = Sachebene.

Doch unter der Oberfläche spielt sich sehr viel mehr ab, auf der sogenannten Beziehungsebene. Damit ist die emotionale Ebene gemeint. Hier geht es um Anerkennung, Sympathie, Freude, Überraschung, Aggression, Sympathie, Antipathie – ergo um einen bunten Blumenstrauß menschlicher Emotionen. Diese sind wesentliche Faktoren für Erfolg oder Misserfolg einer Verhandlung. Sie können noch so gut vorbereiten, noch so gut verhandeln, wenn das Miteinander nicht passt, sind die Erfolgsaussichten sehr gering. Wenn Sie sich dessen bewusst sind, können Sie sich auf bestehende Gespräche gut vorbereiten. Wichtig ist, in Gesprächen auf einer sachlich-fachlichen Ebene zu bleiben und sich nicht emotionalen Ergüssen hinzugeben. Dann kann die Situation sehr schnell kippen. Daher kommunizieren Sie immer klar auf Basis der Zielgruppe.

4.2   Das gefühlte Kolosseum

Es gibt ein schönes Sprichwort: „Je besser die Stimmung, desto besser die Zustimmung in Verhandlungen." Und das stimmt. Doch um in die richtige Stimmung zu kommen, ist gute Organisation nötig.

Wenn es um wichtige Themen geht, das kann beruflich wie privat sein, dann kann man sich schon einmal wie im Kolosseum in Rom fühlen. Die Frage ist nur, wie ist Ihre Ausgangssituation? Sitzen Sie gelassen auf der Tribüne, schauen sich das ganze erst einmal an, oder werden Sie in der Manege herumgejagt und haben „Spaß mit den Löwen"? Über wie viel Fachwissen, Fingerspitzengefühl, Ausdauer, Taktik, Strategie, Kraft, Mut verfügen Sie? Wie erobern Sie sich Ihren Platz auf der Tribüne oder woran erkennen Sie, dass Sie gerade verbal nach unten in die Manege getragen werden? Das geht in Verhandlungen, wenn man wenig achtsam ist, ganz schnell, indem Sie sich z. B. von der gemeinsamen Gesprächsbasis wegbewegen oder durch Ignoranz abheben. Sobald Sie das Ziel verlieren, Ihre fachliche, sachliche Basis, mangelnde Wertschätzung verbreiten, rückt die Arena für Sie schnell näher. Dann werden Sie schnell mit der Realität konfrontiert. Statt Lorbeeren auf Ihrem Haupt kann der Daumen Ihres Gesprächspartners nach unten wandern. Je nachdem, wie Sie sich in guter Verhandlungsführung auskennen.

Ich erinnere mich an einen Verhandlungstermin in einem mittelständischen Unternehmen. Es wurde zu einem Meeting geladen, ich betrat einen sehr großen, langgezogenen Raum mit den Kollegen. Am Ende dieses Raums standen mehrere Stühle an der Wand, auf der anderen Seite befand sich der mächtige Schreibtisch des Firmeninhabers. Wir begrüßten uns und er deutete mit der Hand an, ich möge mich mit meinen Kollegen bitte auf die Stühle am Ende des Raumes setzen. Eine seltsame Situation, denn es gab keinen Besprechungstisch und die Entfernung von uns zum Firmeninhaber war enorm. Ich wollte allerdings bei dem Gespräch nicht laut durch den Raum rufen, daher packte ich beherzt den Stuhl und wollte mich damit auf den Weg vor den Schreibtisch des Einladenden setzen. Doch es ging nicht, der Stuhl war festgeschraubt!

Nach einer kurzen Irritation und kurzem Stutzen entschloss ich mich, den Firmeninhaber darum zu bitten, fünf Stühle bringen zu lassen, damit wir uns ihm gegenüber an seinen Schreibtisch setzen konnten. Es wurde sehr zögerlich und durch meine innere klare Haltung umgesetzt. Diese Situation ist mir nur einmal im Leben passiert. Überhaupt auf so eine Idee zu kommen? Haben Sie schon einmal so etwas erlebt? Ich kann auch heute nur den Kopf darüber schütteln und bin auch dankbar für diese Erlebnisse, sonst könnte ich Sie hier nicht belustigen. Was jedoch bitte nicht zum Nachahmen einladen soll! Bitte nicht!

Später wurde mir berichtet, dass der Firmeninhaber diese Maßnahme bewusst einsetzte, um die Leute sprichwörtlich „klein" zu halten und zu machen, was enorme Wirkung hatte. Fühlen Sie sich einmal in diese Situation hinein. Wie würde es Ihnen dabei gehen?

Dieses Beispiel dient somit dazu, dass Sie für einen guten Rahmen sorgen sollen. Ist die Atmosphäre, der Raum angenehm, desto besser können die Gespräche verlaufen.

Tipps

- Bestimmen Sie Tag, Zeit, Ort, Dauer des Treffens.
- Laden Sie die richtigen und relevanten Personen ein.
- Achten Sie darauf, dass wichtige Entscheidungsträger beim Meeting mit dabei sind, denn haben Sie jemanden vergessen, kann die Verhandlung auch scheitern.
- Legen Sie Zeitfenster für einzelne Tagesordnungspunkte fest bzw. fragen Sie bei den Verhandlungspartnern nach, was ggf. mit aufgenommen werden soll bzw. relevant ist. Versenden Sie die Tagesordnung mit Ihrer Einladung, damit sich alle vorbereiten können.
- Klären Sie, wer für diesen Tag Protokoll führt, damit alle wichtigen Ergebnisse zusammengetragen werden.
- Ist der Tagungsraum oder das Büro sauber, ordentlich, neutral und gut ausgestattet?
- Achten Sie darauf, dass während des Meetings keine Störungen stattfinden (Telefonanrufe etc.).
- Sollten Sie das Meeting in Ihrem Büro abhalten, setzen Sie sich mit Ihrem Gesprächspartner an einen Meeting-Tisch. Bleiben Sie keinesfalls auf Ihrem Bürostuhl, nur so signalisieren Sie Interesse und Gleichberechtigung.
- Falls Sie zu zweit im Gespräch sind, vermeiden Sie es, direkt gegenüber zu sitzen (kann als Konfrontation verstanden werden), besser ist es, übereck zu sitzen.
- Das Gespräch sollte ohne massiven Zeitdruck durch vor- oder nachgelagerte Termine stattfinden.
- Dauert die Verhandlung sehr lange, ist es wichtig, Pausen einzuplanen.

5

Verhandlungsstrategien

Sie können Ihr Gegenüber nun besser im Vorfeld einschätzen und auch ableiten, wie dieses in Gesprächen, Verhandlungen wirkt. Sie wissen durch perfekte Recherche, wie der Kunde tickt, welche Vorlieben er hat, welcher Nutzen ihm dient, erkennen das Potenzial, können ihn einschätzen. Ein weiterer wichtiger Faktor, den Sie kennen soll(t)en ist, was die Kaufmotive Ihres Kunden sind. Dazu zählen Prestige- und Autonomiestreben, Selbstverwirklichung, Bequemlichkeit, Gewinnmaximierung, Gutes zu tun, Selbstverwöhnung, Kontaktsuche, ästhetische Bedürfnisse, Sicherheit, Sparsamkeit, Wissensdurst u. v. m. Wenn Sie die Motivation ergründen, herausfinden, haben Sie eine gute Plattform, um in die Verhandlungen zu starten.

Denken Sie auch an Ihr Erscheinungsbild, achten Sie auf gute Rhetorik, die Gesprächsebenen in Verhandlungen, wie Sie als Gesprächspartner wirken, Emotionen geschickt steuern und einen Blick auf Nachhaltigkeit

© Springer Fachmedien Wiesbaden GmbH, ein Teil von Springer Nature 2020
C. A. De Brabandt, *Verhandeln für Jedermann,* Fit for Future,
https://doi.org/10.1007/978-3-658-27239-5_5

haben (means: nachhaltiges Kunden-/Partnermanagement intern, extern). Achten Sie auf Authentizität und klare, freundliche Aussagen. Von manipulativer Rhetorik rate ich dringend ab, es sei denn es geht um kurzfristige Erfolge und Sie müssen nicht mehrmals zum selben Kunden. Es geht darum, dass Sie in Verhandlungen überzeugen – ohne Tricks. Es geht um positive Überzeugungsarbeit.

5.1 Drei Fragen, die Sie sich vor der Verhandlung stellen sollten

1. Wie sieht mein ideales Ergebnis aus?
Die Antwort auf diese Frage sollten Sie während der Verhandlung immer im Hinterkopf behalten. Es geht darum, nah an Ihrem Ziel zu bleiben und wo Ihre Grenzen für Zugeständnisse liegen. Bleiben Sie auf jeden Fall realistisch (Preis–Leistung). Beispiel: Die Führungskraft möchte auf eine geforderte Gehaltserhöhung nicht eingehen. Sie gibt nicht nach. Die Folge: Ist der Mitarbeiter dann noch motiviert, macht er weiterhin einen guten Job? Bleibt dieser Mitarbeiter noch lange im Unternehmen? Eine gute Lösung ist, ihm ein wenig mehr zu zahlen, damit der Mitarbeiter auch zufrieden aus dem Gespräch geht.

2. Wo beginnt die Untergrenze?
Es ist unabdingbar zu wissen, was ihr ideales Ergebnis ist und wie hoch die Abweichung sein darf. Was ist das Minimum, mit dem ich noch ausreichend Gewinn mache? Es hilft dabei, während der Verhandlung den roten Faden zu behalten. Es ist daher wichtig, Ihre Kalkulation und das Mindestergebnis im Auge zu behalten. Zum Beispiel, die Führungskraft überlegt, inwieweit sie der Forderung auf

Gehaltserhöhung des Mitarbeiters entgegenkommt, ohne das Personalbudget zu überschreiten. Das wäre die Untergrenze. Hat der Mitarbeiter höhere Erwartungen und die Führungskraft möchte den Mitarbeiter weiter an das Unternehmen binden, muss man sich Alternativen überlegen.

3. Setze ich statt Plan „A" Plan „B" um?
Liegen sehr unterschiedliche Verhandlungsziele vor, sind die Verhandlungsgespräche wenig bis gar nicht erfolgreich. Was kann man jetzt tun? Wichtig ist hier, eine Ober- bzw. Untergrenze in petto zu haben. Wie bei unserem Fall mit dem oben genannten Mitarbeiter. Die Führungskraft könnte in Erwägung ziehen, dass sie ihre Wertschätzung zeigt, indem sie ihn zum Essen einlädt oder Sonderurlaub gibt, ohne jedoch zunächst auf Dauer mehr zu bezahlen.

Lassen Sie sich bei Verhandlungen nicht offen in die Karten schauen. Achten Sie auf die von Ihnen gesetzten Verhandlungsgrenzen. Eine neutrale Haltung, „Pokerface" ist in diesen Fällen sehr gut, denn es kann sein, dass Sie mit einem Profi zusammensitzen, der die Kunst des Verhandelns, des Bluffens sehr gut einsetzt, manipulativ arbeitet.

5.1.1 Win-win ist für beide Seiten eine gute Lösung – ein sichtbarer Kompromiss

Was meiner Meinung nach bei Verhandlungen wichtig ist: dass man für beide Verhandlungsparteien eine Win-win-Situation erzielt, sei es beruflich wie privat. Hierzu benötigt man ein gutes, rhetorisches Fingerspitzengefühl, Wahrnehmung und Fokus auf die Verhandlung. Wer hier stur ist, seinem einseitigen Gewinn folgt oder es auf einen unausgewogenen Kompromiss abgesehen hat, muss in Folge mit Nachwirkungen rechnen. Der „Verlierer" ist unzufrieden und wird es bei nächster Gelegenheit entsprechend zurückzahlen.

Das kann sich in einem sehr angespannten Verhältnis der Verhandlungspartner widerspiegeln und auf Dauer Konsequenzen haben. Beispielsweise kündigen Mitarbeiter, oder Lieferanten wechseln den Anbieter. Kommen sich beide Verhandlungspartner auf einer guten Basis entgegen, freuen sich über den Abschluss, zeigt sich das positiv und auf lange Sicht im Miteinander. Kooperation erzeugt gegenseitigen Respekt und Sympathie.

Es geht bei Verhandlungen darum, nicht nur das eigene Ziel im Kopf zu haben, sondern auch über mögliche Ziele des Verhandlungspartners nachzudenken. Sind Sie strikt auf Ihr eigenes Ziel fokussiert, entzieht es dem Gegenüber überhaupt die Möglichkeit, in Verhandlung zu treten, mit Ihnen in Kontakt zu kommen. Ein beidseitiger Sieg ist dadurch schon ausgeschlossen. Es ist wichtig, dass sich beide Parteien Gedanken um ihr Idealergebnis machen und über einen größtmöglichen Kompromiss. Eine kooperative Basis ist der Grundstein für eine Win-win-Situation.

Beide Seiten haben so die Möglichkeit, ihre Argumente darzulegen und anschließende Angebote der Beteiligten bilden das Fundament. Denken Sie z. B. an den Kauf eines Autos. Sie möchten 20 Prozent Nachlass, der Verkäufer bietet Ihnen jedoch nur zehn Prozent Nachlass an. In der Verhandlung nähern Sie sich einander an, Millimeter für Millimeter, bis Sie beide deutlich machen, bei welchem Preis Sie sich treffen, einigen. Auch wenn es nicht immer leichtfällt, was sich auch in der Kommunikation äußern darf, z. B.: „Sie sind ein knallharter Verhandler/eine knallharte Verhandlerin und ich verkaufe Ihnen gern ein Auto. Ich freue mich auf unser nächstes Gespräch." Das klingt jetzt eher etwas neckend, unterstreicht allerdings auch den Verhandlungserfolg.

5.2 Mögliche einsetzbare Gesprächstaktiken bei Verhandlungen

Jeder Verhandlungspartner sucht natürlich in Verhandlungen seine Vorteile, wendet Taktiken an. Wir stellen Ihnen ein paar vor:

5.2.1 „Scheibchenweise …"

… wird durch das Gespräch geführt, immer mit dem Blick auf die Teilziele, die der Kunde für sich erreichen möchte. Jedes Teilziel wird separat entschieden. Punkt für Punkt wird die Forderungsliste abgearbeitet. Das hat Schema, denn Ziel des Verhandlungspartners ist, dass er Sie aus Ihrer Verhandlungszone holt, sie zu Zugeständnissen bringen möchte. Er sprengt durch sein Verhalten Ihren gesetzten Verhandlungsrahmen. Seien Sie daher achtsam im Gespräch, denn nur durch gezielte Fragen behalten Sie das Steuer in der Hand. Es ist wichtig, die „Scheiben" (Ziele) in ein Ganzes zusammenzufügen. Das ist eine gute Basis, um in das Verhandlungsgespräch einzusteigen. Versuchen Sie im Gespräch, das „große Ganze" zu ermitteln, herauszubekommen. Zum Beispiel: „Um den Fokus zu behalten, wäre es wichtig, dass wir alle relevanten Punkte ansprechen und kennen."

5.2.2 „Be my best friend"

Ein Wohlgefühl durch Ihr Gegenüber wird vermittelt, gleich zu Beginn. Die Gesprächsatmosphäre
ist so angenehm, so wohlig. Ihnen wird freundschaft-
lich geschmeichelt, Sie erhalten Lob für Ihre Kundenbeziehung, die Produkte oder Dienstleistungen. Sie erfahren
Wertschätzung und fühlen sich wie im Kinderbällebad.
Doch Stopp! Dieser Schalter wird ganz bewusst gedrückt,
denn wer sich auf diese Beziehungsebene bringen lässt,
kommt nur schwer wieder davon weg. Wie soll man
einem „Buddy", einem „best friend", auch wenn es nur ein
Gefühl, doch nicht die Realität ist, „Nein" sagen? Wenn
Sie hier „umkippen", werden Sie zu Dingen „Ja" sagen
und mehr leisten müssen, als Sie sich es wünschen, Sie
als Ziel haben. Sie fühlen sich in dieser Situation partnerschaftlich ausgenutzt. Durch diese Art der Verhandlung
arbeitet Ihr Gegenüber ganz gezielt daran, die so nett
gemeinten Wünsche in die Verhandlung zu packen, auf
eine ganz subtile Art und Weise. Hier sollten Sie achtsam
sein und das in Ihnen aufkeimende Gefühl authentisch
und wertschätzend ansprechen bzw. die Situation klären.
Sie haben einen Verhandlungsrahmen, den Sie einhalten
müssen/sollen. Weisen Sie freundlich und klar darauf
hin, dass, wenn über diesen Verhandlungsrahmen hinaus
Wünsche/Forderungen umgesetzt werden sollen, dies auch
in Ihre Richtung gehen darf. Nach dem Prinzip „Eine
Hand wäscht die andere", was nichts anderes bedeutet als
Gegenleistung.

5.2.3 „AAAAngriff"

Der Gesprächspartner bläst zum Angriff und zielt genau
auf Sie, fachlich, persönlich und stellt Ihre Kompetenz

infrage. Er vermittelt Distanz, den Eindruck, dass Sie weit von seiner Hierarchieebene entfernt sind. Sie wirken klein. Kleiner als Sie tatsächlich sind, und sein Verhalten, die Wirkung auf Sie, pinselt sein Ego. Er nutzt seine Chance, Kritik zu üben, bezogen auf Ihr Produkt, Ihr Unternehmen oder Ihre Dienstleistung. Das kann, wenn dieses Verhalten geschickt eingesetzt wird, Sie (völlig) aus dem Ruder werfen. Sie geraten in die Enge, und wer sich nicht im Griff hat, die Situation nicht kennt, wird sich sofort rechtfertigen, sogar impulsiv darauf reagieren, statt sachlich zu bleiben. Sie werden durch den Angriff so ins Trudeln gebracht, dass Sie mit Ihrer eigenen Stellungnahme, Rechtfertigung so stark beschäftigt sind, dass Ihr eigentliches Ziel, z. B. der Vertragsabschluss, in weite Ferne rückt. Sie ermöglichen dem Gegner dadurch Raum und schenken ihm durch sein Vorangehen Vorteile, die er nur zu gern für sich nutzt. Was nun, fragen Sie sich? Werden Sie sich dieser Art von Angriff im Gespräch bewusst! Das Ziel Ihres Gegenübers ist es, Sie in die Enge zu drängen. Während Ihr Verhandlungspartner weiter auf Sie einwirkt, sollten Sie sich in dem Moment sein Verhalten bewusst machen. Was ist seine Motivation dahinter, was will er damit erreichen? Um was genau geht es? Ein Ansatz wäre, auf der Gesprächsebene mit sachlichen „Ich-Botschaften" zu arbeiten und in den Austausch zu gehen. Mehr über seine Motivation zu erfahren.

5.2.4 „Mit der Zeit spielen"

Sicher kennen Sie das: Es kann manchmal unerwartet lange dauern, bis Sie überhaupt einen gemeinsamen Termin mit Ihrem Gesprächspartner haben. Die Gespräche ziehen sich im Meeting in die Länge und enden abrupt bzw. der wichtige Gesprächspartner muss kurzfristig aus dem Meeting, weil unerwartet ein wichtiger Besuch ansteht, ein Meeting oder Telefonanruf. Durch solche Verhaltensweisen setzt man Sie bewusst unter Druck, es wirft Sie aus Ihrem Konzept und so kann es passieren, dass durch die Überrumpelungstaktik und durch unerwartet erzeugte Momente Druck auf Sie entsteht, emotionale Kräfte wirken, die Sie lähmen. In Ihrem Denken, in Ihrer Vorgehensweise, in Ihren Entscheidungen. Sie reagieren fälschlicherweise spontan und die auftretenden Folgen nehmen ein Ausmaß an, mit dem Sie nicht gerechnet haben. Das spielt einen großen Vorteil in die Hände Ihres Verhandlungspartners, denn genau das ist sein Ziel. Auch hier geht es darum, sich organisatorisch sehr gut vorzubereiten, das bedeutet, den Termin, den Zeitrahmen zu klären. Das Gespräch zielgerichtet und (selbst)bewusst zu steuern. Sollte sich der Gesprächspartner aus dem Gespräch dennoch ausklinken, ist es hilfreich, sich etwas Zeit zu verschaffen. Beispielsweise: „Vielen Dank für Ihre Zeit, ich melde mich zügig bei Ihnen, innerhalb der nächsten ein bis zwei Stunden. Sie erhalten per E-Mail die entsprechenden Unterlagen." So haben Sie die Chance, sich Zeit zu verschaffen, das Gespräch zu reflektieren, die Taktik des Gegenübers zu analysieren. Die von Ihnen eingeräumte Zeit zur Rückmeldung ist wichtig, damit Sie das Gespräch noch einmal durchlaufen, bewerten, nachdenken. Dies schafft eine Basis auf beiden Seiten, um auf Augenhöhe zielorientiert weiter zu verhandeln.

5.2.5 „Verhandlungen mit dem Krieger"

Er ist der Nabel der Welt, sehr distanziert und lässt keine Möglichkeit aus, seine Geringschätzung deutlich zu machen. Sie haben einen Termin? Prima! Schön für Sie! Doch er lässt Sie schön warten, die Zeit vergeht.

Wenn Sie dann endlich zu ihm durchdringen, mit ihm zusammensitzen, spricht er Sie nicht mit dem Namen an, er behandelt Sie wie das fünfte Rad am Wagen, schaut Sie nicht oder kaum an, ist mit anderen, wichtigen Dingen beschäftigt. Es gibt schließlich Wichtigeres als Sie, „Sie Wurm!". Wer im Verhandeln fit ist, durchschaut natürlich schnell, dass es sich hier um eine reine Taktik handelt; Berufsanfänger kommen allerdings schnell an ihre Grenzen. Durch das bewusst eingesetzte Verhalten des „Verhandlungskriegers" kocht er Sie schon im Vorfeld wachsweich. Je mehr Zeit verrinnt, je länger Sie warten, je geringschätziger Sie behandelt werden, desto unsicherer werden Sie. Ihr gesetztes Ziel verschwimmt, schmilzt wie Schnee in der Sonne, Ihre Souveränität als Verhandlungspartner schwindet. Aus aufkeimender Panik unterbreiten Sie vielleicht ein Angebot, das Sie normalerweise niemals so abgeben würden, völlig überzogen, um ein wenig Aufmerksamkeit, Interesse zu erhaschen. Ein wenig Wahrnehmung wäre doch so schön! So übermächtig Ihnen dieser Verhandlungskrieger auch vorkommt, werden Sie sich seiner Taktik und seiner Motivation bewusst! Arbeiten Sie mit konkreten, sachlichen Ich-Botschaften, um auf eine gemeinsame, kommunikative Basis zu kommen. Die richtige Fragestellung ist: „Was bezweckt Ihr Gesprächspartner mit seinem Verhalten? Was ist seine Motivation?" Gehen Sie offen, sachlich darauf ein, indem Sie z. B. sagen: „Was kann ich dazu beitragen, damit wir konzentriert wirken und unsere Verhandlung vereinfachen bzw. erleichtern?"

5.2.6 „Der Meister heißer Luft"

Ihr Gegenüber ist ein Meister der Gesprächsführung, er weckt gezielt bei Ihnen Bedarfe. Er weiß genau, welchen

Schalter er bei Ihnen betätigt. Dazu kommt eine ordentliche Packung Lobgesang, Wertschätzung. Ihnen wird wohlig warm ums Herz, es hört sich doch so vielsprechend an. Er erkennt in Ihnen das große Potenzial, schwärmt von sehr guten Erträgen auf Basis von gemeinsamer, erfolgreicher Zusammenarbeit. Der daraus generierte Nutzen für das gemeinsame Geschäft, ihr partnerschaftliches Wirken übersteigen einfach alles. Mit dem Lobgesang hat er Sie an der Angel, umgarnt Sie mit innovativen, profitbringenden Visionen. Positive Bilder steigen in Ihnen auf und „zack" hat er Sie! Während Sie sich im „Wohlfühlmodus" befinden, als säßen Sie an einem heimeligen Abend bei schönem Wetter in der Toskana. Die „warme Gesprächsluft" umweht Sie, Ihre Verhandlungsziele rücken in weite Ferne, er hat Sie mit seinen warmen Worten bereits in eine schlechte Verhandlungsposition gebracht. Die vielen genannten Vorteile wirken so leicht, scheinen so stark zu überwiegen, dass Sie sich selbst vergessen, und schon sind Sie ausgehebelt. Aus der warmen, lauen Luft wird plötzlich heißer Dampf, der auf Sie einströmt. Und bei dieser „Hitze" lässt man „schon gern einmal die Hosen runter", vielleicht mehr, als einem lieb ist. Das Leistung-Gegenleistung-Prinzip funktioniert auf dieser Basis nicht mehr. Wichtig ist es, diese Taktik zeitnah wahrzunehmen. Unterbrechen Sie den Gesprächsprozess. Es ist wichtig, Rahmenbedingungen genau abzuklären, sich auf Fakten zu beziehen. Sollten unerwartete Forderungen, Leistungsversprechungen an Sie herangetragen werden, fragen Sie konkret nach, mit welcher Gegenleistung Sie rechnen können. Sind Ideen, Vorschläge schwer einzuschätzen, ist es ratsam, sich Zeit zu nehmen, die Szenarien zu durchdenken und im Anschluss ein Angebot zu erstellen.

5.2.7 „Die Macht der hohen Instanz"

Wir erläutern im Gespräch unser Anliegen, formulieren Positionen. Wir sind im Austausch mit dem Gesprächspartner, bewegen uns partnerschaftlich, sind perfekt vorbereitet. Und jetzt kommt das große ABER. Wir verhandeln zwar, doch die höhere Instanz hat eigene Ziele und Prioritäten, die unveränderbar sind, im Gegensatz zu denen Ihrer Gesprächspartner, die vor Ihnen sitzen. Sie verhandeln mit Personen, die keinen Einfluss auf die Ziele der hohen Instanz haben. Meist vergeudete Zeit. Denn diese Situation lässt uns keinerlei Raum für Verhandlungen. Leistung–Gegenleistung, dieses Prinzip kommt hier erst gar nicht zum Tragen. Durch die fehlenden wichtigen Gesprächspartner und wichtige Kommunikation kommen Sie erst gar nicht auf eine Verhandlungsbasis. Sie sind abgeschottet, haben keine große Hebelwirkung. Die eigenen gesetzten Ziele geraten dadurch ins Hintertreffen, Ihre Forderungen an die imaginäre Instanz prallen ab. Das ist eine fordernde Situation, die viel Zeit in Anspruch nehmen kann. Was können Sie tun? Sie können die Verhandlungsgespräche vertagen und darum bitten, dass Mitarbeiter der höheren Instanz beim nächsten Meeting anwesend sind, oder sich auf die Möglichkeit berufen, ein Angebot zu schicken. Eine weitere Möglichkeit wäre, sich auf die Partnerschaftlichkeit zu beziehen getreu dem Motto: „Wir finden eine gemeinsame Basis und bekommen das sicher hin."

5.3   Wie laufen Verhandlungen schematisch ab?

In unserer digitalen Welt wird es auch weiterhin einen strukturierten Ablauf der Verhandlungen geben, auf die Sie sich vorbereiten. Wichtig sind folgende Punkte, die Sie im Vorfeld klären, um in die Verhandlung zu gehen.

5.3.1 Vorbereitung des Verhandlungsgespräches

- Welche Personen sind direkt, indirekt an der Verhandlung beteiligt (Rolle, Einfluss, Position, Verhandlungskompetenz)?
- Gibt es gemeinsame strategische Ziele?
- Was ist das Verhandlungsziel?
- Was sind die besten Alternativen zur Verhandlung, Konsequenzen des Scheiterns?
- Was sind Maximalziele, Argumente, Minimalziele? Abbruchkriterien? (MAMA-Konzept)
- Einwände, Bedenken?
- Fakten, Beweise?
- Präferierte (objektive) Entscheidungskriterien?
- Gibt es Druckmittel?
- Angebote?

5.3.2 Sachgerechter Ablauf eines Verhandlungsgespräches

- Begrüßung
- Einigung über die Rahmenbedingungen (Zeitlimit, Gegenstand, Vorgehen, Entscheidungsfindung)
- Beide stellen die Interessen dar und leiten Schlussfolgerungen ab
- Zum beidseitigen Vorteil mehrere Optionen gemeinsam entwickeln
- Einigung auf objektive Kriterien für die Entscheidung
- Festlegung weiterer Schritte
- Abschluss der Verhandlung

5.3.3 „BEZAHL" – Das Phasenmodell für Verhandlungen

B egrüßen (Etikette, eigene Ausstrahlung, Sympathie)
E rfragen (Wertschätzung, das Gegenüber ggf. sprudeln bzw. leerreden lassen)
Z eigen (eigene Standpunkte darlegen)
A rgumentieren (Austausch der Argumente)
H andschlag (Ergebnis besiegeln)
L oben (positiver Abschluss)

5.3.4 Was tun bei Einwänden?

In erster Linie ist es wichtig, dass sie aktiv und analytisch zuhören, was das Motiv des Gesprächspartners ist, dabei entspannt bleiben und die Mimik, Gestik beobachten. Lassen Sie andere ausreden. Halten Sie eine kurze Pause aus, denken Sie über das Gesagte nach, nehmen Sie sich die Zeit dafür. Fragen Sie nach, fassen Sie zusammen, gewinnen Sie dadurch zusätzliche Informationen und sichern Sie sich ab, ob Sie den Einwand verstanden haben. Werten Sie Aussagen nicht ab durch Formulierungen wie „Das ist absolut falsch …", „Dummes Zeug …". Gehen Sie auf eine positive Gesprächsebene, stimmen Sie Ihren Gesprächspartner positiv: „Ich kann es nachvollziehen …", „Sie haben recht …" Ist der Einwand falsch, entkräften Sie diesen fachlich bzw. setzen Sie Ihre eigene Argumentation fort.

5.3.5 Was uns immer im Weg steht, sind wir selbst!

Durch unsere Erziehung, unsere vorgegebenen, inhalierten Werte, Erfahrungen, Ziele, Motive, unser Selbstbewusstsein haben wir oft eine verzerrte Wahrnehmung. Es gehört viel Größe, Mut und Offenheit dazu, sich dies einzugestehen und ehrlich an sich selbst zu arbeiten. Wie schnell stecken wir Menschen in eine Schublade, wo sie manchmal gar nicht hingehören, weil wir einfach urteilen und uns nicht SELBST-BEWUSST sind. Dies zeigt sich in der Kommunikation ganz deutlich. Nonverbal und verbal. Sie urteilen bereits in drei Sekunden über Menschen, ohne dass Sie mit diesen im direkten Austausch sind. Das bedarf Justierung. Hier gilt es für Verhandlungen auf einer sachlich-fachlichen Basis ohne Beurteilung zu bleiben nach dem Prinzip: „Ich bin OK, Sie sind OK." Es zeigt Wohlwollen, schafft eine Basis des Vertrauens, die Bereitschaft, Verantwortung zu übernehmen. Sobald sich einer von dieser Basis entfernt, werden Überheblichkeit, Selbstgerechtigkeit und Distanz spürbar. Die Kommunikation funktioniert nur noch schlecht und im schlimmsten Fall kommt es zum Misserfolg bei den Verhandlungen. Machen Sie sich bewusst, dass wir aus der Summe unserer Lebenserfahrungen bestehen. Dass wir unseren Blick, unsere Haltung, Wahrnehmung stets verändern können, wenn wir nur wollen. Sie brauchen für die Zukunft Mut. Mut, sich mit der Ent-Menschlichung in Prozessen zu beschäftigen, ein gutes Selbst-/Zeitmanagement, da nur noch messbare Ergebnisse Ihr Gehalt bestimmen, Sie durch digitale Systeme getrackt und mit ausgesteuert werden. Was Maschinen nicht können, ist menschliche Gefühle reell wahrzunehmen. Das ist und bleibt immer noch ein menschliches Gut.

Zeigen Sie Wertschätzung durch aktives Zuhören, seien Sie aufmerksam. Sie schenken dem Gegenüber in Verhandlungen nicht nur geschäftliches Vorankommen, sondern auch Ihre Lebenszeit. Allein das hat authentisches Miteinander auf Augenhöhe und Respekt verdient. Gehen Sie offen in den Austausch durch Ich-Botschaften und stellen Sie kluge Fragen. Wer konkret, einfach, aufmunternd, empathisch fragt, der führt.

5.4 Verhandlungen – die Chance für Selbstreflexion, die Chance auf Wachstum

Generell geht es in Verhandlungen immer darum, dass man sein Ziel erreicht, auch Alternativen anbietet, Möglichkeiten aufzeigt, mit denen beide Seiten zufrieden sind. Das bedeutet allerdings auch, dass man während der Verhandlung für beide Seiten die gewinnbringendste Lösung im Auge behält. Was Sie in Zukunft auszeichnet, sind ehrlich-authentisches Verhandeln in Verbindung mit Sach-, Fachkenntnis und Expertenwissen, bedingt durch die sich verändernden Märkte, den Grad der Technisierung, die Digitalisierung. Empathie und Offenheit dem Gesprächspartner gegenüber sind für ein gutes Gelingen ein Muss in Verhandlungen. Auf dem geschäftlichen wie privaten Parkett. Auch wenn, wie oben beschrieben, verschiedene Verhandlungsmodelle bewusst oder unbewusst angewandt werden oder wir unseren Gesprächspartner bzw. Kunden durch sein Verhalten grob clustern, um ihn einschätzen zu können, um auf seine Kommunikationsbasis zu gehen. Wichtig ist, dass beide Seiten zufrieden aus der Verhandlung gehen, um die (Kunden-)Wünsche zu erfüllen, und wir durch das partnerschaftliche Miteinander einen Mehrwert generieren.

Wichtig dabei ist, dass Sie sich Ihrer Verhandlungsziele, Ihres Geschäftsmodells bewusst sind. Dazu kommt der Blick auf Transparenz, Authentizität, der Blick über den Tellerrand, dazugehörend gewinnbringende

Kollaborationen, Querdenken und Agilität. Verhandeln verändert sich durch Bots, durch den Menschen, die sich wandelnde Umwelt und die eingesetzten Technologien, z. B. IoT, Automation, künstliche Intelligenz, maschinelles Lernen u. v. m., was unser Verhalten als Mensch, Kunde, Geschäfts- und Verhandlungspartner massiv beeinflusst oder beeinflussen wird. Wohin es führen wird? Das weiß heute niemand so genau, jeder kann nur eine Prognose abgeben. Die Zeit und Anpassungsgeschwindigkeit, Innovationskraft und Ihr eigener innovativer Wille zur Gestaltung der digitalen Welt spielen hierbei eine enorme Rolle.

Denken Sie stets daran, dass Sie Ihre Beziehungen gut pflegen. Jeder Mensch, mit dem Sie in Kontakt sind oder treten. kann immer Kontakt zu anderen herstellen. Daher ist Respekt vor dem anderen essenziell. So manch einer mag vielleicht jetzt sagen: „Ach, wer weiß, vielleicht sehe ich den nur das eine Mal, ist mir doch egal!" Solche Aussagen kommen häufig von der Generation X oder Z, doch die Zeit zeigt auf, dass Wertschätzung und Respekt nach wie vor einen hohen Stellenwert haben. Und wer weiß, Bots, Roboter werden durch Selbstlernen ebenfalls intelligenter und sind sogar manchmal gnadenloser als der Mensch beim „Aussieben des Gegenübers".

Nutzen Sie Ihre Chancen auf Networking. Wenn es bei der einen Verhandlung zu keiner Zusammenkunft oder Vertragsgestaltung kommt, dann vielleicht durch Weiterempfehlung bei jemand anderem, der besser zu Ihnen, Ihrem Wesen, Ihrem Geschäftskonzept und Ihren Produkten passt. Es ist wichtig, sich, ohne unmittelbare Absicht, ein Beziehungsgeflecht zu unterschiedlichen Menschen aufzubauen, es zu pflegen und auch wachsen zu lassen.

Letztlich beruht eine Verhandlung immer auf Gegenseitigkeit. Netzwerken dient zum Austausch von Informationen, dazu gehört es, zu geben und zu nehmen. Es sollte stets weitestgehend ausgeglichen sein. Wer nur nimmt, bekommt bald nichts mehr an die Hand. Wer ausschließlich gibt, wird oft ausgenutzt. Ein Ja oder Nein an richtiger Stelle, zur richtigen Zeit sind wichtig.

Je größer und unterschiedlicher Ihr Netzwerk ist, desto besser für Sie selbst, indem Sie bei bestimmten oder speziellen Themen die nötige Hilfestellung erhalten. Dazu kommt, dass Ihnen auch die Qualität Ihrer Beziehungen bewusst ist. Je besser, klarer die Beziehung zu Ihrem Gegenüber ist, desto besser ist Ihre Unterstützung.

Achten Sie darauf, Ihr Netzwerk gut zu pflegen. Es ist kein Selbstläufer, es bedarf Zeit. Sie allein entscheiden darüber. Warten Sie nicht darauf, dass man auf Sie zugeht, sondern seien Sie selbst aktiv, gehen mit gutem Beispiel voran. Dies bedeutet auch, dass Sie sich mit Ihren Kontakten treffen, austauschen, um Ihre Basis zu stärken. Das ist nicht zu unterschätzen, denn gerade in unserer digitalen Welt, in der Dienstleistungen, Produkte immer schneller ausgetauscht werden, einen kurzen Lebenszyklus haben, nimmt die Bedeutung von Beziehungen zu. Es bezieht sich auf Sie als Privatperson und auch auf Unternehmen. Denken Sie an eine gute Kooperation und Kommunikation. Das stärkt das Miteinander.

5.5   „Danach" ist das neue „Davor"

Wenn Sie in Verhandlungen sind bzw. das Gespräch zu Ende ist, gibt es im Nachgang viel zu tun, auch wenn ein Sieg eingefahren wurde. Es gibt immer Möglichkeiten, es noch besser zu machen.

Gehen Sie noch einmal in sich, stellen Sie sich folgende Fragen

- Wie war die inhaltliche Vorbereitung? Was war sehr gut, was kann ich für die Zukunft noch besser machen?
- Wie war der Gesprächsverlauf, wurden die vorgegebenen Zeiten eingehalten?
- Welche Fragen wurden gestellt, wie wurden diese beantwortet und bin ich damit zufrieden?
- Wurden alle inhaltlichen Punkte, die ich mit eingebracht habe, besprochen, beantwortet, geklärt?
- Sind alle Gesprächspartner während der Verhandlung auf der sachlich-fachlichen Ebene geblieben? Was ist mein Fazit, was kann ich daraus lernen?

- Wie habe ich mich während des Gesprächs gefühlt, selbst wahrgenommen?
- Habe ich mich während des Gesprächs manchmal angegriffen gefühlt? Wenn ja, wieso?
- Woran habe ich gemerkt, dass ich die Grenzen des anderen überschritten habe, vielleicht zu weit gegangen bin?
- Habe ich versehentlich jemanden angegriffen? Worauf darf ich für die Zukunft besser achten?
- Wie stärke ich die Beziehung (nach der Verhandlung ist vor der Verhandlung)?
- Was habe ich gewonnen und wo ist noch Potenzial nach oben?
- Habe ich ein Killerface (abschätzig lächeln, ungläubig schauen etc.) und setze ich Killerphrasen ein („Das ist ja wieder typisch!" „Seien Sie erst einmal so lange dabei wie ich!")?
- Habe ich meine inneren Grenzen während der Verhandlung wahrgenommen und bin für mich selbst eingestanden?
- Wie habe ich mich in meiner Haltung, Kommunikation, Körperhaltung wahrgenommen? Was fällt mir bei mir selbst auf?
- Welche Maßnahmen ergreife ich, um beim nächsten Gespräch als Sieger hervorzugehen?
- Gibt es Besonderheiten, Befindlichkeiten Einzelner, die Berücksichtigung finden sollten?
- Habe ich meine eigene Strategie verfolgt, umgesetzt und wenn nein, wieso nicht?
- Was lief bei der Verhandlung besonders gut, woran mache ich das fest bzw. was ist ausbaufähig?

Diese Checkliste hilft, gezielt auf sich, die Wirkung, das Ergebnis zu achten und sich für das nächste Mal noch besser vorzubereiten. Parallel dazu empfehle ich Ihnen, die wichtigsten Erkenntnisse und Informationen z. B. in einer CRM-Datenbank abzuspeichern. So haben Sie eine solide Grundlage für kommende Gespräche und sehr gute Basis für weitere Verhandlungen.

Denken Sie auch immer daran, wenn Ihr Gesprächspartner das Meeting oder Treffen verlässt, dies mit einem guten Gefühl zu begleiten. Bedanken Sie sich für die gemeinsame (Lebens-)Zeit und das gemeinsame Gespräch. Beziehen Sie sich auf das Gemeinsame, das Miteinander, die Kooperation und den daraus resultierenden Gewinn. Verabschieden Sie sich menschlich, freundlich und nutzen Sie die Chance, eine nachhaltige Beziehung zu Ihrem Gesprächspartner aufzubauen, zukunftsfit zu machen. Dies alles dient einer positiven Bestärkung.

Sie können dies durch Aussagen festigen wie „Ich bin mir sicher, dass Ihre Führungskraft von dem Ergebnis unserer Verhandlung begeistert sein wird" oder „Sie werden in einem kurzen Zeitraum feststellen, dass Sie die richtige Entscheidung getroffen haben".

Wichtig ist es, am Ball zu bleiben. Durch den starken Konkurrenzdruck, die sich verändernden Märkte und das Ziel, Mehrwert für alle Beteiligten zu schaffen, ist es nicht immer ganz so einfach. Das Ganze noch nachhaltig zu gestalten, ist weiterhin eine große Herausforderung durch Schnelllebigkeit, Wettbewerb oder übertriebenen Ehrgeiz. Hier kommen Sie als Persönlichkeit wieder ins Spiel. Neben den Produkten, Dienstleistungen, Preisen können Sie den Unterschied ganz deutlich ausmachen. Sie als Mensch, Sie als Marke. Durch gute Zusammenarbeit, Vertrauen, Zuverlässigkeit festigen Sie die Bindung. Sie können in Gesprächen mit Sympathie und Vertrauen punkten. Deshalb war es mir auch ein Anliegen, Sie auf den Seiten vorher immer wieder anzustupsen, sich selbst wahrzunehmen, sich zu spüren, um an Ihr eigenes, individuelles Ich zu kommen, dass Sie in den Verhandlungen mit verkörpern, somit einen wertvollen Beitrag leisten.

5.6 Desaster – so scheitern Verhandlungen ganz sicher

Sensibilität, gute Vorbereitung und Erfahrung sind bei Verhandlungen wichtig. Kenne ich mich, meinen Gegenspieler, die Rahmenbedingungen, die Basis, ist das schon einmal sehr gut. Doch es kann auch treffsicher zum Scheitern kommen.

5.6.1 Ursachen

- Im allerletzten Moment bereiten Sie sich auf das Gespräch und den Inhalt vor.
- Sie haben keine Pufferzeit vor dem Meeting eingeplant, stehen vielleicht unvorhergesehen im Stau, kommen völlig überreizt und abgehetzt zum Meeting, der Schweiß bildet unter Ihren Achseln ein Rinnsal.
- Monologe sind Ihr Ding und Ihnen ist es egal, ob sich andere Teilnehmer auch zu Wort melden möchten.
- Sie stellen keine Fragen, und wenn doch, dann geschlossene, sodass nur mit Ja oder Nein geantwortet werden kann.
- Sie sind so zielfokussiert, dass Sie Ihre Ziele mit massivem Druck durchsetzen, und zwar aggressiv.
- Sie ignorieren Ihr Gegenüber völlig, die Mimik, die Gestik, Sie schweifen mit Ihrem Blick in die Ferne.
- Sie lieben es, eine Sonnenbrille mit Spiegelglas zu tragen, keiner sieht Ihre Augen und Sie spielen mit diesem Verhalten.
- Das sind anschauliche Beispiele, die man tunlichst unterlassen sollte.

Und dann gibt es noch so schöne Missverständnisse in der Sprache, in dem, was gesagt wurde und wie es verstanden wird.

Beispiele

Was der Brite sagt: That's not bad.
Was der Brite meint: Thats good or very good
Was verstanden wird: That's poore or mediocre
Was der Brite sagt: That is an original point of view.
Was der Brite meint: You must be crazy.
Was verstanden wird: They like my ideas.

Kurze Sätze mit sehr viel Interpretationsspielraum. Wenn man das auf Verhandlungen überträgt, wird deutlich, wie wichtig es ist, sich so zu verständigen, dass es zu klaren Entscheidungen kommt, diese notiert und umgesetzt werden.

6

(N)Etikette

6.1 Bewegen Sie sich galant und zielsicher

Etikette ist nach wie vor in, auch wenn es in den 80er- bzw. 90er-Jahren eher lax gesehen wurde. Zur damaligen Zeit grenzte man sich durch fehlende Manieren vom Establishment gezielt ab. Doch wir befinden uns jetzt im Jahr 2019: Manieren, Benehmen, Etikette sind ein wesentliches Merkmal und zeigen klar auf, welche möglichen Kunden, Verhandlungspartner wir vor uns haben – damit steht und fällt alles.

Beobachten Sie einmal bewusst, wie Menschen interagieren, sich im Miteinander verhalten.

Nehmen wir an, Sie gehen als Verhandlungspartner den Flur in Ihrer Firma entlang. Eine Person, egal ob Mann oder Frau, läuft vor Ihnen und lässt die Tür vor Ihrer Nase zufallen. Es folgt eine weitere Durchgangstür und dasselbe Verhalten. Sie laufen weiter und treffen diese Person

© Springer Fachmedien Wiesbaden GmbH, ein Teil von Springer Nature 2020
C. A. De Brabandt, *Verhandeln für Jedermann,* Fit for Future,
https://doi.org/10.1007/978-3-658-27239-5_6 **121**

im Meeting-Raum – es ist Ihr Verhandlungspartner. Was denken Sie?

Oder Sie selbst stürmen einfach in das Zimmer Ihres Verhandlungspartners an der Assistenz vorbei in dessen Büro, ohne sich vorzustellen, zu grüßen, ohne abzuwarten, ob Ihr Gegenüber für das Gespräch bereit ist. Wie werden Sie wohl wahrgenommen?

Noch ein Beispiel: Sie stehen im Stau, kommen zum Verhandlungsgespräch 30 min zu spät, schießen hektisch in den Konferenzraum und sagen „Time is money. Wir legen gleich los!" und nehmen sich keine Zeit für eine Entschuldigung, eine Begrüßung per Handschlag und einen guten Einstieg in die Verhandlungen. Ihnen ist in dem Moment auch die Reihenfolge, die Vorstellungsrunde, die Agenda egal. Dazu setzen Sie sich auch einfach dorthin, wo und wie es Ihnen passt.

Meinen Sie, das macht einen guten Eindruck? Begünstigt es Ihre Position, Ihr Verhandlungsergebnis?

Solche Verhaltensweisen sind fatal für die Geschäftsbeziehungen. Daher ist es relevant, auf Folgendes zu achten:

- Pünktlichkeit
- Begrüßung der Anwesenden
- Bin ich richtig und gut gekleidet?
- Begrüßung per Handschlag
- Aufrechte Körperhaltung, offener Blick
- Platzwahl: „Wo darf ich Platz nehmen?"
- Angemessene körperliche Distanz wahren
- Aktiv zuhören
- Aufstehen, wenn ein ranghoher Mitarbeiter, Damen oder ältere Mitarbeiter in den Raum kommen
- Überzeugen Sie als Mensch, in Ihrem Handeln und Tun
- Blicken Sie in Gesprächen unbemerkt auf die Uhr, um den Zeitrahmen im Blick zu behalten (das funktioniert gut, wenn man z. B. die Uhr an der Innenseite des Handgelenks trägt)

6.2   Sprachhygiene

Wie gewinnen wir Kunden? Nicht immer nur durch das Produkt oder die Dienstleistung, sondern durch unser Auftreten, unsere Stimme, unsere Sprache. Wenn wir jemanden sehr sympathisch finden, offen, dann bekommt der-/diejenige gleich mehr Vertrauen und Sympathie und plötzlich fängt die Person das Sprechen an ...

6.2.1 Fremdwörter

Achten Sie bitte darauf, sich auf die Ebene des Gegenübers zu begeben. Wenn Sie bei einfach gestrickten Menschen, die dennoch über ein umfassendes Wissen auf ihrem Arbeitsgebiet verfügen, sehr viele Fach- und Fremdwörter einsetzen, kann es schnell zu innerer Distanz und keinem erfolgreichen Verhandlungsergebnis kommen. Stellen Sie sich vorher die Frage: „Ist mein Produkt oder meine Dienstleistung für den Kunden nur von untergeordneter Bedeutung?" Diese Erkenntnis sollten Sie berücksichtigen.

6.2.2 Sätze ohne Punkt und Komma

Sind Sie vielleicht ein menschliches Argumentationsgenie, ohne Punkt und Komma, weil Sie so überzeugt von Ihrem eigenen Produkt sind? Es ist auch hier sehr wichtig, kurze Sätze zu bilden, Pausen bewusst einzusetzen, denn nur so schaffen Sie den nötigen Raum, dass Ihr Gegenüber auch die Möglichkeit hat, zu antworten.

6.2.3 Im Dauerloop der Wiederholungen

Sie stellen immer wieder und mehrfach die besonderen Vorteile Ihres Produktes, Ihrer Dienstleistung heraus? Achten Sie darauf, dass Sie bestimmte Vorteile nicht ständig wiederholen, sondern reduziert und bewusst einsetzen (drei- bis viermal). Hier ist ein zentriertes, klares und verständliches Vorgehen wichtig, sonst kann es passieren, dass Ihr Gegenüber aufgrund der vielen Wiederholungen es „leid ist" und müde wird.

6.2.4 Hochdeutsch oder doch lieber Dialekt

Die Mischung macht's. Wenn Sie ohne Rücksicht auf Verluste im Gespräch sind, Ihren Dialekt übertreiben, dann kann das sehr machtvoll und auch unangenehm wirken. Wenn Sie z. B. aus Bayern sind oder aus Hessen, dann wirkt es wenig authentisch, wenn Sie völlig verkrampft Hochdeutsch sprechen. Es wirkt verkrampft und wenig gelöst. Eine leichte mundartliche Färbung stellt in Verbindung mit klarer, deutlicher Sprache kein Hindernis dar, sondern wirkt angenehm.

6.2.5 Der Begriff „Feststellung" erzeugt mögliche Aggressionen

Kennen Sie Menschen, privat wie beruflich, die immer alles gesehen, gehört und festgestellt haben? Wie fühlen Sie sich im Miteinander? Durch Feststellungen kann man sicher das Gespräch in Format bringen oder es abkürzen, doch diese Maßnahme zeigt sich deutlich im Umsatz. Kunden könn(t)en sich bevormundet fühlen und durch ihr Verhalten sogar Aggressionen auslösen, wenn sie das Gefühl haben, unter Druck gesetzt zu werden. Dazu kommt, wenn sich der Kunde dadurch zu etwas hat hinreißen lassen und nicht 100-prozentig damit zufrieden ist, dass er mit Sicherheit wenig positiv über die Art und Weise im Außen darüber sprechen wird.

6.2.6 Der Kopf auf der Tischplatte …

Sobald Sie in Gesprächen monoton vor sich hinreden, vielleicht auch zu schnell, zu leise, zu laut, abgehackt, zu hoch, werden Sie das mit Feingefühl bei Ihrem Gegenüber – bestenfalls – wahrnehmen. Das passiert besonders, wenn

man unter Stress steht, wenig Zeit hat, die Führungskraft einem vielleicht auch noch gedanklich im Nacken
sitzt. Achten Sie auf Ihren Kunden, machen Sie ihn zum
Nabel der Welt, sprechen Sie in kürzeren, verständlichen
Sätzen. Eine hohe Stimme gibt immer Rückschluss auf
Anspannung. Atmen Sie vor dem Gespräch aktiv durch
und sprechen Sie langsam, in einem angenehmen Tempo,
in angenehmer Lautstärke.

6.2.7 Engagement: „Brennen Sie für das, was Sie tun, verkaufen."

Das geht nicht nur durch Ihr Auftreten, Ihre Stimme, die
Stimmmodulation, Ihre Sprache und Gestik. Seien Sie
offen für Ihren Gesprächspartner, unterstreichen Sie dies
z. B. mit offenen Armbewegungen, Ihrer Körperhaltung.
Reflektieren Sie sich selbst, ob Sie sich z. B. im Gespräch
von Ihrem Gesprächspartner abwenden oder durch offene
Körperhaltung Interesse zeigen. Überzeugen Sie Ihren
Kunden durch ein stimmiges Gesamtkonzept.

„Wenn Sie für etwas mit Begeisterung einstehen, Sie in Ihrer Person davon überzeugt sind und es im Außen vertreten, dann springt der Funke beim Kunden über."

6.3   Körpersprache

Das ist ein sehr umfassendes Thema und es gibt unzählig viel Literatur darüber. Sie wissen ja mittlerweile, unser Körper lügt nicht. Wir sagen zwar etwas, doch unser Körper kann hierzu eine völlig andere Meinung kundtun als das, was wir gerade äußern.

Grundsätzlich ist es immer gut, wenn Ihr Gegenüber bzw. Sie selbst offen sind, durch paralleles Stehen, offene Körperhaltung. Der Oberkörper neigt sich bei Interesse dem Gesprächspartner zu. Dreht sich der Kunde von Ihnen weg, ist das bereits ein Indiz, dass sich im Gespräch etwas verändert oder verändert hat. Spüren Sie in Ihren Verhandlungspartner hinein, er wird Ihnen auch ohne Worte sehr viel über sich erzählen.

Beispiele

Ihr Gesprächspartner	Bedeutung
Reibt sich die Hände	Schadenfreude oder Unsicherheit
Legt die Hände auf den Rücken	Arroganz, Unsicherheit
Spielt mit dem Stift	Langeweile, Nervosität
Presst die Lippen zusammen	Starrsinn, verhaltener Zorn
Runzelt die Stirn	Zweifel, Entrüstung
Macht weite Armbewegungen	Sicherheit, fühlt sich wohl
Macht enge Armbewegungen	Unsicherheit, fühlt sich unwohl
Hat die Hand am Kinn	Denkt nach, zweifelt
Kommt mit dem Oberkörper weit nach vorn	Will Raum einnehmen, unterbrechen

Ihr Gesprächspartner	Bedeutung
Stemmt die Hände in die Hüfte	Entrüstung, Standing, Imponieren
Verschränkt die Hände im Nacken	Entspannung, Arroganz
Formt ein Spitzdach mit den Händen	Abwehr, Abstand
Schlägt die Beine in Ihre Richtung übereinander	Zugewandtheit, Interesse
Schlägt die Beine von Ihnen abgewandt übereinander	Unwillen, Desinteresse
Schnippt mit den Fingern	Sucht nach einer Idee oder hat eine Lösung
Nimmt den Finger an den Mund	Nachdenklich, verlegen
Kaut auf der Unterlippe	Er nagt an einem Problem (oder benötigt einen Pflegestift)
Legt Unterlagen vor sich auf den Tisch	Baut eine Barriere
Richtet den Stift mit der Spitze auf Sie	Möchte Sie in Schach halten
Bewegungen linke Hand	Emotionale Hand
Bewegung rechte Hand	Analytische Hand

Das sind ein paar Beispiele, um Ihren Verhandlungspartner besser zu erkennen und dies zu berücksichtigen. Es darf immer im Kontext interpretiert werden. Wenn Sie die Körpersprache gut lesen können, fällt es Ihnen in Diskussionen leichter, auf ihn einzugehen und viel besser zu überzeugen. Das dient Ihnen beruflich wie privat und ist ein weites Feld.

„Ein Pokerface nützt Ihnen nichts, wenn Ihr Körper gerade eine ganz andere Sprache spricht".

6.4   Kompetent durch die internationale Geschäftswelt

Im internationalen Business gelten noch einmal andere und viel mehr Regeln, wie man mit seinem Verhandlungspartner ins Geschäft kommt. Denn andere Kulturen, Nationen erfordern auch noch einmal ein ganz anderes Verhalten und Zutun. Das Gespräch im beruflichen Alltag ist auch durch unsere digitale Welt durch nichts zu ersetzen. Wir sind Menschen, wir bleiben Menschen und sind keine Maschinen. Wir entscheiden und kommunizieren aufgrund von Erfahrungen, Erlebnissen, Erfahrungswerten und Gefühlen. Somit immer auf der Sachebene und der emotionalen Ebene.

Wir haben gelernt, dass wir in unseren Verhandlungen, unseren Gesprächen stets auf „Empfang" sind. Wir nehmen Zwischentöne, den Klang der Stimme, die Körperhaltung, unser Gegenüber wahr und bilden uns eine Meinung. Zwar sind wir durch unser Umfeld, unsere Familie und unser Geschäftsleben geprägt, doch unser Gefühl ist immer mit dabei und hilft uns, unser Gegenüber einem „Grundtypen" zuzuordnen.

Wir leben in einer zunehmend globalisierten Welt und rücken durch die Digitalisierung näher zusammen. Es gibt unzählige Kulturen und Besonderheiten, die wir kennenlernen dürfen. Neben der Sprache gibt es die drei Sprachebenen: die kulturelle, verbale und nonverbale Sprache.

Und das hat es ganz schön in sich! Wir tun uns ja schon manchmal schwer, uns selbst zu verstehen und unser Gegenüber. Kommen noch kulturelle Werte, Normen und deren verschiedene Toleranzbereiche dazu, kann es gerade bei Unwissenheit schon eine besondere Herausforderung sein.

Ich habe beispielsweise viel mit USA, China, Indien zusammengearbeitet. Gerade schmunzle ich, denn mein Kollege, den ich gerade in Projektabstimmungen per Livemeeting etwas fragte, schüttelte meist unmerklich den Kopf, was ich nie richtig deuten konnte. War es nun ein indisches Ja oder Nein? Ich fragte natürlich nach, damit wir auf unserer gemeinsamen Kommunikationsbasis bleiben konnten.

Es gibt so viele Studien zu diesem Thema; das Interessante daran ist, dass wir Menschen nicht zu 100 Prozent auf den Inhalt des Gesagten reagieren, sondern zu 60 % auf Mimik und Gestik, 30 % auf Tonfall, Sprachtempo, Sprachvolumen und zu ca. zehn Prozent auf den Inhalt. Das gilt weltweit.

Was gibt es bei internationalen Verhandlungen zu beachten?

- Sie müssen per Langstreckenflug zur Verhandlung? Vielleicht mit Ankunftszeitpunkt kurz vor dem Meeting? Achten Sie darauf, so viel wie möglich im Flugzeug zu schlafen, natürlich nicht in der Economy Class, sondern mindestens Business Class. Dazu Schlafbrille, ggf. Ohrstöpsel. Checken Sie alle Unterlagen noch einmal, damit Sie für die Ankunft alles griffbereit haben.
- Welches Verhandlungsteam, welche Nationalität haben Sie? Woher kommen Ihre Verhandlungspartner? Treffen mehrere Nationalitäten zusammen, ist es wichtig, einen gemeinsamen Nenner zu finden.
- Wer ist die wichtigste Person am Verhandlungstisch (inoffiziell, offiziell)? Gerade in Asien ist das nicht so ohne Weiteres herauszufinden.
- Haben Sie ausreichende Informationen über die rechtliche Lage im Verhandlungsland? Gute Anlaufstellen sind Außenhandelsstellen.
- Wie hoch ist das Fremdwährungsrisiko?
- Wie hoch ist das maximale Risiko, das Sie übernehmen möchten bzw. können?

Dazu kommen die bereits vorher geschriebenen Tipps für Verhandlungen, die Sie bereits gelesen haben.

6.5 Dos and Don'ts auf dem internationalen Parkett

In den vielen wunderschönen Ländern auf unserem Planeten gibt es viele Verhandlungsarten und -besonderheiten. Alle zu beschreiben, würde hier den Rahmen sprengen.

Wir gehen hier auf die Länder China, USA, Russland im tieferen Sinne ein.

6.5.1 China – im Reich der Mitte

Hier brauchen Sie auf alle Fälle jede Menge Geduld bei den Verhandlungen. Sie fühlen sich vielleicht schon am Ziel, während Ihr Gegenüber noch einmal alles infrage stellt und es wieder von ganz vorne anfängt. Oder Sie sitzen mit einem Team zusammen und plötzlich wird das gesamte Besprechungsteam durch ein neues ausgetauscht. Sie können sich vorstellen, was das für einen bedeutet. Das ist mehr als frustrierend. Planen Sie daher bei strategisch wichtigen Meetings immer einen Puffer für Ihre Rückreise und somit einen zeitlichen Puffer ein. Hongkong ist z. B. dagegen schon westlicher geprägt, offener und es werden Themen wesentlich schneller abgewickelt als in der Volksrepublik. Doch was immer wichtig ist, ist der Preis. Chinesen lieben es, große Preisnachlässe zu verhandeln. Dazu kommt, dass bei wichtigen Verhandlungen ein hochrangiger Vertreter Ihres Unternehmens ebenfalls mit nach China kommt. Nur dieser bekommt bei den entsprechenden Entscheidungsträgern einen Termin.

In China wird zudem gern gemeinsam gegessen und getrunken. Es gibt möglicherweise lange Tischreden. Hochprozentiger Alkohol, besondere kulinarische Speisen (Frösche, Schlangen usw.) werden gereicht. Es wird erwartet, dass es Ihnen schmeckt, zumindest sollten Sie so tun als ob, sonst könnte es das Ende jeglicher Beziehungen sein. Zeigen Sie auch nie mit den Stäbchen auf jemanden bzw. stecken Sie die Stäbchen nicht in die Reisschale. Möchten Sie auch nicht, dass Ihr Glas nachgefüllt wird, dann bitte nie ganz leertrinken. Wenn Sie mit dem Essen fertig sind, legen Sie die Stäbchen neben die Schale. Chinesen lieben große Runden mit mindestens acht Gängen. Je ausgiebiger, desto besser. Nach dem Essen wird sich zügig verabschiedet.

Die Geschäftssprache ist üblicherweise Englisch. Sollten ältere chinesische Verhandlungspartner dabei sein, so ist es sinnvoll, einen Übersetzer mit hinzuzunehmen.

Pünktlichkeit ist sehr wichtig, lieber etwas zu früh als zu spät vor Ort sein, Sie könnten sonst Ihr Gesicht verlieren.

Ein langer Händedruck oder auch Schulterklopfen werden als Wertschätzung wahrgenommen. Schauen Sie Ihrem Gegenüber jedoch nicht zu lange und zu tief in die Augen.

Kleine Geschenke erhalten die Freundschaft, wie z. B. Bildbände, klassische Musik. Der Beschenkte wird das Geschenk nicht in Ihrem Beisein öffnen, sonst könnte er oder sie das Gesicht verlieren. Verpacken Sie das Geschenk z. B. in rotes Papier, die Farbe für Glück. Weiß hingegen ist die Farbe der Trauer.

Vermeiden Sie während der Gespräche das Thema Politik oder Geburtenrate.

Bei den Visitenkarten überreichen Sie diese bitte immer mit beiden Händen und verneigen sich leicht. Stellen Sie sich vor, Sie überreichen mit der Visitenkarte einen Teil Ihres Wirkens, Ihrer Persönlichkeit. Sie gehen ja auch nicht achtlos mit sich um, sondern wertschätzend. Dies soll das beidseitige Übergeben widerspiegeln. Genauso übernehmen Sie auch die Visitenkarte Ihres Gegenübers.

Beim Verhandeln kann es langatmig und langwierig werden. Vermeiden Sie es zu drängen, sondern bleiben Sie geduldig am Ball.

6.5.2 USA – groß, bunt, vielfältig

327,2 Mio. Menschen leben derzeit in den USA. Ein Land mit vielen Kulturen, Einwanderern und Besonderheiten, und es zählt der Spruch „Time is money". Die Kollegen aus USA fragen natürlich immer, wie es einem geht, wie der Flug war, ob alles o.k. gewesen ist, doch danach geht es auch sofort und manchmal knallhart mit den Gesprächen los.

Überlegen Sie sich, wie Sie zügig und zielorientiert zum Thema kommen. Kein Lamentieren, keine Floskeln. Geschäfte können hier nämlich manchmal blitzartig mit einem Handschlag abgewickelt werden. Junior- und

Middle-Manager haben hier weitaus mehr Verantwortung und führen Verhandlungen mit hohen Summen. Während in China das Thema der Älteren sehr wichtig und geachtet wird, ist es in USA so, dass Sie niemanden aufgrund seiner Position oder Jugend unterschätzen sollten.

Gern wird auch der Vorname angeboten, man ist schnell beim Du, was allerdings noch lange nicht heißt, dass Sie Best Friends sind. Achten Sie weiterhin auf einen angemessenen Abstand und Respekt. Seien Sie offen und direkt.

Themen wie Politik und Religion sollten Sie vermeiden bzw. wenn Sie doch dazu ermuntert werden, sich zu äußern, beachten Sie, dass Sie so neutral wie möglich reagieren.

Sie haben z. B. Misserfolg oder Ähnliches erlebt? Etwas Negatives? Damit halten sich US-Amerikaner nicht lange auf, Sie suchen nach Lösungen, sind ergebnisorientiert.

Die Geschäftssprache ist amerikanisches Englisch. Manchmal, in bestimmten Gebieten, auch Deutsch.

Was Pünktlichkeit betrifft, sind US-Amerikaner gern exakt auf die Minute da. Denken Sie an die Aussage „Time is money", daher kann die Stimmung bei massivem Zuspätkommen schon kippen, vor allen Dingen dann, wenn sich jemand aus seinem übervollen Terminkalender für Sie freigenommen hat. Somit ist das sehr unhöflich.

Geschenke, ein schönes Thema. Amerikaner lieben kulinarische Spezialitäten, doch was die Einfuhr betrifft, darüber brauchen wir nicht sprechen, denn es ist verboten, Lebensmittel einzuführen.

Es kann auch sein, dass Sie zum Businessfrühstück oder zum Mittagessen eingeladen werden. Während der Vorspeise beginnen die Gespräche über das Geschäft. Werden Sie zum Abendessen eingeladen, so liegt der Fokus auf der Pflege von Beziehungen. Manchmal wird auch zum privaten Dinner eingeladen, gerade wenn Sie sich schon länger kennen.

Sie sprechen gern über Ihr Gehalt? Kein Problem, es zeigt im Außen, wie erfolgreich Sie sind, zeigt Ihren Status und ist ein Indiz für Ihren beruflichen Erfolg. Über alles Negative sollte man sich nicht unterhalten, dafür über Literatur, Musik, Kino, Reisen, Sport.

Die USA sind groß, die Städte auch. Es ist wichtig, dass Sie vorher recherchieren, in welchem Stadtviertel Sie unterwegs sein werden. Die Informationen erhalten Sie beim Auswärtigen Amt.

Visitenkarten sind Pflicht und sehr wichtig. Diese werden vor dem Gespräch ausgetauscht. Gut ist, wenn Sie eine zweiseitige Visitenkarte haben, vorne Deutsch, Rückseite Englisch.

Es gibt flache Hierarchien in der Unternehmenskultur, Entscheidungsträger sind Junior- oder Mittelmanager mit hohen Kompetenzen, auch über große Summen.

Bedingt durch regionale Unterschiede ist es an der Ostküste üblich, dass man schnell zum Thema kommt, sehr gut vorbereitet ist, knackig und präzise argumentiert. Verzichten Sie auf lange, große Reden. Der Süden ist geprägt von Freundlichkeit und hat Gesprächsinteresse, was nicht immer Bezug auf das Geschäft nehmen muss. Sprechen Sie positiv und nehmen Sie Komplimente sehr gern entgegen.

Ein Handschlag zählt und Sie sind im Geschäft.

Die US-Amerikaner sind lösungsorientiert, denken positiv und halten sich nicht lange mit der Suche nach dem Schuldigen auf.

6.5.3 Russland – stark und schön

Die Menschen, die dort leben, sind stolz auf ihre Wurzeln und damit entsprechend empfindsam. Wenn Sie auf menschlicher Ebene ein Gespräch beginnen, kann es vertrauensbildend wirken. Die Beziehungsebene ist sehr wichtig, das setzt das nötige Vertrauen voraus, das man sich erarbeiten darf. Das geht natürlich nicht von heute auf morgen. Verhandlungen können daher mehrere Tage dauern. Zunächst können Verhandlungspartner sehr hart, forsch, strikt wirken, doch hat man eine solide Basis geschaffen und ist das Eis gebrochen, kann sich Ihr Gegenüber in einen herzlichen, sehr gastfreundlichen Menschen wandeln. Was zählt, ist Verlässlichkeit. Werden gemeinsam Geschäfte sehr erfolgreich abgewickelt, wird das natürlich gehörig gefeiert, statt Wasser in großen Gläsern trinkt man Wodka. Man sollte trinkfest sein und bei dem vielen Alkohol dennoch einen kühlen Kopf bewahren können. Eine ganz schöne Herausforderung. Wer den Trinktest besteht, erntet somit Hochachtung.

Die englische Sprache ist für viele kein Thema, wenn doch, wird gern ein Übersetzer hinzugezogen. Was wichtig zu wissen ist: Es sollte ein sehr guter Übersetzer sein, der auch zwischen den Sätzen die Zwischentöne erkennt.

Mit der Pünktlichkeit ist das so eine Sache. Man sollte pünktlich vor Ort sein, dennoch kann es passieren, dass man länger als eine Stunde warten darf.

Achten Sie auf eher konservative, klassische Kleidung und begrüßen Sie Ihren Gesprächspartner mit der Hand. Bei guten Bekannten ist der sogenannte Bruderkuss üblich.

Beim Essen geht es opulent zu, vor allen Dingen bei geschäftlichem Erfolg. Es wird mit einem ausgiebigen Dinner gefeiert und natürlich mit Wodka begossen. Gerade bei privaten Einladungen, die mit viel Wertschätzung einhergehen, dürfen Sie drei bis vier Stunden einplanen.

Kleine Geschenke erhalten die Freundschaft (z. B. edler Alkohol).

Beim Gespräch ist Small Talk angesagt, doch bei Politik, Wirtschaft, Vergangenheit sollten Sie zügig auf allgemeine Themen zurückkehren.

Ihren Verhandlungspartner lernen Sie am besten bei einem gemeinsamen Essen kennen, denn z. B. Direktoren überlassen gern die Arbeit Spezialisten und erscheinen nur zu gesellschaftlichen Anlässen.

Die Verhandlungen können langwierig sein, über mehrere Stunden hinweg. Kompromisse sind weniger gern gesehen, sie mögen klare Entscheidungen, die dann auch vertraglich vereinbart und in der Regel eingehalten werden.

Diese Beispiele zeigen, dass man unterschiedlich im Miteinander, gerade in Verhandlungen ist. Daher istes so wichtig, sich vorher über das Land, die Merkmale,

Besonderheiten schlauzumachen, um in kein Fettnäpfchen zu treten. Es steht und fällt mit Ihrem eigenen Verhalten. Auf der anderen Seite, was gibt es Spannenderes, als Neues zu entdecken, sich andere Kulturen anzusehen und daraus zu lernen?

Ich liebe es! Es erweitert den eigenen Horizont und macht große Freude!

7

Fazit

Verhandlungen sind heute digital und nach wie vor menschlich geprägt. Beide Faktoren nehmen Einfluss auf Verhandlungen. Doch so sehr wir digital arbeiten, es geht nach wie vor um Identifikation der Schlüsselfaktoren: Formulierung gemeinsamer Ziele, Aufbau und Vertiefung von Vertrauen, Empathie für den Vertragspartner und natürlich auch der Wille zu gemeinsamem Wirken, einer guten Zusammenarbeit mit Win-win-Faktor.

Digitale Systeme unterstützen uns bei unserer täglichen Arbeit und schaffen Raum, damit wir uns effizient austauschen, verhandeln, schneller an gewünschte Informationen kommen. Im Rahmen von Verhandlungen nehmen geschäftliche Kooperationen zu. Es hat den großen Vorteil, dass beide Seiten an der Problemlösung, im Rahmen der Kooperationsstrategie, mitwirken, schneller zu einem Ergebnis kommen. Basis ist die Definition des Problems und der gewünschten Ziele. Die Herausforderung ist, dass beide Parteien eine gute, schnelle und einvernehmliche

© Springer Fachmedien Wiesbaden GmbH, ein Teil von Springer Nature 2020
C. A. De Brabandt, *Verhandeln für Jedermann,* Fit for Future,
https://doi.org/10.1007/978-3-658-27239-5_7

Lösung zur Erreichung der Ziele erarbeiten. Denn der Konkurrenzdruck ist im digitalen Zeitalter durch die Globalisierung enorm hoch.

Vertrauensvolle, authentische und mutige Kommunikation bildet den Mittelpunkt der Verhandlungen, der generierte Kundennutzen spielt auch in Zukunft eine sehr große Rolle.

Ich wünsche Ihnen viel Spaß und Freude bei der Umsetzung, dazu ein offenes Ohr in Ihren Verhandlungen und ein empathisches, vertrauensvolles, erfolgreiches Wirken! Werden Sie zur Marke ICH in Verbindung mit Ihrer perfekten Verhandlungsstrategie, Ihren Produkten und Dienstleistungen. Sie können dadurch nur gewinnen!

Weiterführende Literatur

Daebner, C., & Hennrich, D. (2003). *Weltweit verhandeln. Mit Kompetenz durch die Internationale Geschäftswelt.* Berlin: Ueberreuter.

Kimich, C. (2015). *Verhandlungstango.* München: Beck.

Opresnik, M. (2013). *Die Geheimnisse erfolgreicher Verhandlungsführung.* Wiesbaden: Springer Gabler.

Ruhleder, R. H. (2008). *Meine 202 besten Tipps für Verkäufer.* Offenbach: Gabal (Erstveröffentlichung 2001).

Printed in the United States
By Bookmasters